La Teología del Pacto:

Soberanía y Gracia

☦

Frank H. Walker

McAllen, Texas
www.editorialdoulos.com

Editorial Doulos
2024 N 10th St
McAllen Texas 78501
www.editorialdoulos.com
editor@editorialdoulos.com

Originally published in English under the title *Covenant Theology: Sovereign and Gracious* ©2012 Frank H. Walker. This Spanish edition is translated with permission of the author. Scripture cited in the English version was from the King James (Authorized) Version. The Reina Valera 1960 is used in this translation. Anyone may use the material in this book with or without permission. In writing this book, the author acknowledges his indebtedness to many sources. He also believes that the material in this text to be an accurate representation of Biblical teaching, and his desire is to further its dissemination, not restrict it.

.

Copyright © 2021
Traducido por Martín Bobadilla
Corregido por Valentín Alpuche
All rights reserved.
ISBN-13: 978-1-953911-05-6

Editorial Doulos

☦

Estudios de Dogmática Reformada

CONTENIDO

	Prefacio	7
1	¿Qué es la teología del Pacto?	11
2	Definición del Pacto	22
3	El Pacto de la Creación	34
4	El Pacto de Redención	48
5	El Pacto de Gracia	58
6	Preservación de la simiente	69
7	El Pacto Abrahámico	80
8	La Señal de la Circunsición	91
9	Circuncisión y Bautismo	102
10	Pascua y la Cena del Señor	115
11	Las Palabras del Pacto	126
12	El Pacto y el Reino	132
13	El Nuevo Pacto	147
14	Nuestra Parte	158
	Bibliografía	169

Prefacio

Octavio Winslow, el bautista del siglo diecinueve que se hizo anglicano, una vez dijo de la Biblia: «¡Cristo es el hilo de oro que recorre toda la Biblia!» ¡Qué tan acertado estaba! ¡Desde Génesis hasta Apocalipsis, la Palabra de Dios proclama que Jesucristo es el Hijo eterno de Dios y el único Salvador de los hombres!

Si Cristo es el hilo de oro de la Escritura, entonces la doctrina del pacto es la aguja que conduce ese hilo a través de la tela de la Palabra de Dios. Jesús es el Mediador del pacto, su sangre es la sangre del pacto, la iglesia es su comunidad del pacto, los sacramentos son sus señales y sellos del pacto, los Diez Mandamientos son las palabras del pacto, el Reino de Dios es la meta del pacto y la salvación es comunión pactual con el Padre, Hijo y Espíritu Santo. No puede ser de otra manera, ya que la relación entre las tres personas de la Trinidad es pactual en sí misma.

Por otro lado, la doctrina del pacto no debe ser solamente un asunto de curiosidad académica. Nada puede dar a los creyentes un mayor consuelo que saber que la promesa de salvación de Dios llega a nosotros como un pacto inviolable. Jesús lo expresó de esta manera: «*Y ésta es la voluntad del Padre, el que me envió: Que de todo lo que me diere, no pierda yo nada, sino que lo resucite en el día postrero*» (Jn 6:39).

Y no es solamente que nuestra salvación está segura eternamente, sino también que todo en el universo entero coopera para nuestra salvación. Eso es lo que Pablo quiso decir cuando escribió: «*Y sabemos que a los que aman a Dios, todas las cosas les ayudan a bien, esto es, a los que conforme a su propósito son llamados... ¿Quién nos separará del amor de Cristo? ¿Tribulación, o angustia, o persecución, o hambre, o desnudez, o peligro, o espada?... Por lo cual estoy seguro de que ni la muerte, ni la vida, ni ángeles, ni principados, ni potestades, ni lo presente, ni lo por venir, ni lo alto, ni lo profundo, ni ninguna otra cosa creada nos podrá separar del amor de Dios, que es en Cristo Jesús Señor nuestro*» (Ro 8:28, 35, 38-39).

Aunque el Catecismo de Heidelberg, que el autor considera como la flor más fina de la Reforma Protestante, solamente menciona el pacto dos veces, es realmente un documento pactual de principio a fin.[1] Esto es evidente en su primera pregunta y respuesta:

> P: ¿Cuál es tu único consuelo en la vida y en la muerte?
> R: Que yo, con cuerpo y alma, tanto en la vida como en la muerte, no soy dueño de mi vida, sino que pertenezco a mi fiel Salvador Jesucristo, quien con su preciosa sangre ha satisfecho completamente por todos mis pecados, y me ha redimido de todo el poder del diablo; y me preserva de tal manera que, sin la voluntad de mi Padre celestial, ni un solo cabello de mi cabeza puede caer; sí, que todas las cosas tienen que funcionar para mi salvación. Por lo tanto, por su Espíritu Santo también me da seguridad de vida eterna, y desde ahora me dispone y prepara de corazón para vivir para Él.

---

[1] Ver mi *Theological Sources of the Heidelberg Catechism* (n.p.: Createspace, 2010), 101-18.

Aquí se encuentra el pacto en su forma más sencilla. Aquéllos que creen en Jesucristo pertenecen completamente a Él («en cuerpo y alma»). Por haber hecho una perfecta satisfacción de nuestros pecados, Cristo nos ha redimido de una manera tan completa que ni siquiera la cosa más pequeña puede suceder sin su voluntad («ni un solo cabello de mi cabeza puede caer»). Y, además, el Espíritu Santo nos asegura que todos los beneficios de la obra de Cristo son nuestros para este tiempo y para la eternidad.

En nuestros días, la doctrina del pacto se ignora en gran medida en la mayoría de las iglesias. En su lugar, se encuentra el individualismo, por un lado, y el formalismo, por el otro. Sin embargo, aquellos que se refugian en el individuo realmente no tienen ningún consuelo en lo absoluto, ya que la Biblia enseña que ningún ser humano se puede justificar delante de Dios (Sal 143:2). Y si el hombre pudiera salvarse por ritos y ceremonias, ¿los judíos antiguos no hubieran tenido todo lo que necesitan sin Cristo? Pero el evangelio no trata acerca de lo que el hombre hace por Dios. Trata acerca de lo que Dios ha hecho por nosotros.

Este libro es un pequeño intento de alentar a la iglesia para reenfocar su atención en una doctrina que ha sido grandemente ignorada. Para ese fin, el autor ora que el Espíritu de Dios use este libro para glorificar al Hijo, ¡el hilo de oro de la Escritura!

Frank H. Walker
Enero de 2012
Sacramento, California

Frank H. Walker

Capítulo 1
¿Qué es la Teología del Pacto?

☩

En las iglesias reformadas y presbiterianas pocos domingos pasan en que los pastores no mencionen el pacto de Dios en sus sermones, oraciones o lecciones de escuela dominical. De hecho, la doctrina del pacto es tan central a la teología reformada que a menudo se identifica solamente como «teología del pacto».

Pero ¿qué queremos decir con el término «teología del pacto»? ¿Qué es el pacto de Dios? ¿Qué tiene que ver con la salvación, fe o vida? De hecho, ¿por qué necesito saber algo acerca del mismo?

Historia de la Teología del Pacto

Para responder estas preguntas, empezaremos con una breve definición de la teología del pacto.

Nadie puede negar que los pactos se mencionan frecuentemente en la Escritura.[2] El Salmo 105:8-9 dice: «*Se acordó para siempre de su pacto; de la palabra que mandó para mil generaciones, la cual concertó con Abraham, y de su juramento a Isaac*». Aquí, el Señor

---

[2] Pierre Ch. Marcel, *L Doctrina Bíblica del Bautismo de Infantes: el Sacramento del Pacto de Gracia* (traducido al español y publicado por editorial Libros Desafío) pág. 69-72).

recordó a los antiguos judíos que su liberación de la servidumbre egipcia se debió solamente al hecho de que Él había hecho un pacto con su padre Abraham. No tenía nada que ver con alguna cosa que ellos hubieran hecho o que pensaran que lo merecían. Pero tal y como los judíos estuvieron incluidos en el pacto, los gentiles estaban excluidos. Escribiendo a creyentes no-judíos, el apóstol Pablo dijo que, en su anterior estado de incredulidad, ellos estaban *sin Cristo, alejados de la ciudadanía de Israel y ajenos a los pactos de la promesa, sin esperanza y sin Dios en el mundo* (Ef 2:12). En otras palabras, ellos no tenían derecho a esperar que el Señor les mostrara la misma misericordia que había mostrado a la simiente de Abraham. No obstante, Dios los introdujo en su pacto y los bendijo abundantemente con su favor a pesar de todo.

Tan sólo en estos dos versículos es evidente que el pacto es la base sobre la que Dios se relaciona con los hombres. En el pacto, esperamos una clase de trato; fuera del mismo, esperamos otra.

Sin embargo, simplemente porque la doctrina esté claramente revelada en la Escritura no significa que la iglesia siempre la ha aceptado. La doctrina de la Trinidad, por ejemplo, no fue resuelta hasta el 325 d. C., y la relación entre las dos naturalezas de Cristo tomó otros 126 años. Lo mismo es cierto de la doctrina del pacto. Incluso Juan Calvino, que es considerado por muchos de haber sido el teólogo más grande de la Reforma del siglo XVI, no desarrolló esta doctrina de una manera sistemática, aunque su entendimiento de esta doctrina creció significativamente entre la publicación de su primera edición de las *Instituciones* (1536) y la última (1559).

Gordon Clark traza la historia de la teología del pacto como sigue:

> Tal vez el crédito de haber descubierto esta doctrina pueda asignarse a Zuinglio. Calvino menciona la doctrina, pero su énfasis cae en otros asuntos. Ursino en Alemania, y un poco después Ussher en Irlanda, desarrollaron la idea. La Asamblea de Westminster le otorgó un estado confesional. En Holanda, Coccejo la popularizó, aunque desafortunadamente agregó unos cuantos detalles fantasiosos.[3]

Mientras que las referencias a Heinrich Bullinger (el sucesor de Zuinglio en Zúrich), John Owen (el capellán de Oliver Cromwell) y algunos otros pudieran haber sido de ayuda, el relato de Clark acerca de la teología del pacto en los siglos XVI y XVII es esencialmente correcto. Los «detalles fantasiosos» que Coccejo agregó, incluían la alegorización y el usar la doctrina del pacto de gracia para suavizar la austeridad del énfasis de Calvino en el decreto eterno de Dios, por lo cual sus seguidores fueron acusados de falta de ortodoxia después de su muerte. Herman Witsio, en su gran obra, *The Economy of the Covenants between God and Man,* asumió el enfoque bíblico-teológico de Coccejo, pero evitó sus particularidades.

El desarrollo histórico de la doctrina de los pactos también es evidente en las confesiones reformadas cuando las estudiamos en un orden cronológico. La Confesión Belga

---

[3] Gordon Clark, *The Atonement* (Jefferson, MD: Trinity Foundation, 1987), 20. Lyle D. Bierma ofrece un relato excelente del desarrollo del pacto entre los primeros reformadores continentales en el capítulo 2 de su libro, *German Calvinism in the Confessional Age: The Covenant Theology of Caspar Oleviano* (Grand Rapids: Baker, 1996). Para una perspectiva ligeramente diferente, ver también Charles S. McCoy y J. Wayne Baker, *Fountainhead of Federalism: Heinrich Bullinger and the Covenantal Tradition* (Louisville, KY: Westminster/John Knox Press, 1991), capítulos 1 y 2.

(1561) usa la palabra *pacto* solamente una vez, en conexión con el bautismo (Art. 34). El Catecismo de Heidelberg (1563) la usa dos veces, una vez en la pregunta que trata con el bautismo de infantes (P 74) y nuevamente cuando considera la necesidad de proteger la Mesa del Señor (P 82). Aunque los Cánones de Dort (1619) contienen seis referencias al pacto (I:17; 2:8; RE 2, 4, 5; RE I), no emerge tampoco una doctrina clara del pacto ahí. En contraste, los Estándares de Westminster, que fueron escritos justo unos cuantos años después (1647), ofrecen un extenso tratamiento del pacto: un capítulo completo de seis párrafos (Cap. 7), siete preguntas en el Catecismo Mayor (p. 30-36), y cinco preguntas en el Catecismo Menor (p. 16-20).

Al grado en que los reformadores llegaron a apreciar la centralidad del pacto en la Escritura, la teología del pacto llegó a igualarse con la teología reformada. Fue el resultado natural de su esfuerzo por ser tan bíblicos como fuera posible.

La importancia del Pacto en la Teología Reformada

J.I. Packer, en su introducción a la obra de Witsio, ofrece tres razones del por qué la teología del pacto es de crucial importancia para el estudio bíblico.[4]

«Primero», dice, «el evangelio de Dios no se entiende correctamente hasta que es visto dentro de un marco

---

[4] Herman Witsio, *The Economy of the Covenants Between God and Man: Comprehending a Complete Body of Divinity,* traducido y revisado en inglés por William Crookshank, con una introducción de la editorial por J.I. Packer (Escondido, California: den Dulk Christian Foundation, 1990), 1:intro.

pactual». Esto es verdad porque «toda la Biblia es, por así decirlo... el libro del pacto». Jesús es el Mediador del pacto, la fe se aferra a las promesas del pacto, la iglesia es la comunidad del pacto y la vida eterna es la plenitud de las promesas del pacto.

«Segundo, la Palabra de Dios no se entiende correctamente hasta que es vista dentro de un marco pactual». Aquí Packer reconoce el hecho de que el registro bíblico no es una mezcolanza de historias desconectadas, sino una autorrevelación progresiva de Dios en la que cada nueva pieza de información presuponía todo lo que la precedía. El registro bíblico empieza, históricamente, en el jardín del Edén, donde el Señor primero estableció un pacto con nuestros primeros padres, quienes rápidamente se sumergieron a sí mismos, y a toda la humanidad, en la miseria y ruina. El Señor entonces reparó nuestra condición miserable al establecer otro pacto que cumplió los requisitos del primer pacto a través de un Mediador. El propósito de Dios era formar un pueblo para su propio beneplácito. La promesa que vincula toda la revelación redentora es: *Y andaré entre vosotros, y yo seré vuestro Dios, y vosotros seréis mi pueblo* (Lv 26:12).

«Tercero, la realidad de Dios no se entiende correctamente hasta que es vista dentro de un marco pactual».[5] Por toda la eternidad, el Padre, el Hijo y el Espíritu Santo han compartido una intimidad de amor y compañerismo que los hombres no se pueden imaginar. Herman Hanko dice que «este compañerismo, suprema felicidad, comunión de vida

---

[5] McCoy y Baker otorgan el crédito a Oleviano por ser el primero en articular esto. Ver McCoy, 39.

y amor es la propia vida pactual de Dios».[6] Esta vida interna de la gloriosa Trinidad encuentra su máxima expresión en el pacto de redención, el cual Packer define como sigue:

> ... a la luz del pecado humano previsto, un acuerdo específico existía entre el Padre y el Hijo de que cada uno exaltaría al otro de la siguiente manera: el Padre honraría al Hijo enviándolo a salvar a los pecadores perdidos a través de un autosacrificio penal que conduciría a un reino cósmico, en el que la actividad central sería la impartición a los pecadores, a través del Espíritu Santo, de la redención que ganó para ellos; y el Hijo honraría al Padre al llegar a ser el regalo de amor del Padre para los pecadores conduciéndolos a través del Espíritu a confiar, amar y glorificar al Padre con base en el modelo de su propia obediencia a la voluntad del Padre.[7]

Así que ustedes ven que cuando preguntamos: «¿Qué es Dios?», a menos que nuestra respuesta explique no sólo el pacto intra-trinitario sino también su manifestación externa en los pactos de Dios con los hombres, fracasaremos en hacer justicia a la doctrina de Dios. El Dios del cristianismo es un Dios que hace pactos y guarda pactos. Esto no es solamente cómo Él se revela a nosotros; es lo que Él es en sí mismo.

Por lo tanto, no podemos hablar del evangelio, la Biblia, Dios o la salvación aparte de la doctrina del pacto.

La teología del Pacto

Ahora que ya tenemos un poco de información de trasfondo proveyendo algunas ideas importantes de la historia

---

[6] Herman Hanko, *El Eterno Pacto de Gracia de Dios* (Editorial Doulos), 17.
[7] Packer, introducción a Witsio.

y la importancia de la teología del pacto, tenemos que considerar la materia de una manera más directa. ¿Qué es la teología del pacto?

Para empezar, la teología del pacto reconoce el rol e importancia apropiados de los pactos en las relaciones de Dios con el hombre. Mientras que los dispensacionalistas otorgan un lugar a los pactos en su teología, no reconocen su lugar correcto. Cuál es justamente la relación entre dispensaciones y pactos en su pensamiento varía de escritor a escritor, y ha cambiado significativamente a través de los años. Sin embargo, el uso de estos dos principios en competencia –dispensaciones y pactos– para estructurar la revelación bíblica siempre resulta en confusión, contradicción y la minimización de enseñanzas bíblicas clave.[8] ¿Cómo podría ser de otra manera cuando algo tan fundamental como el pacto de Dios con el hombre no se aprecia completamente?

El hecho es que, como Robertson dice, «las iniciativas de Dios en el establecimiento de las relaciones pactuales estructuran la historia redentora.[9] Pero si esto es todo lo que entendemos, entonces nuevamente no hemos reconocido todavía toda la importancia de la teología del pacto. La Escritura no solamente exhibe una estructura pactual, sino que toda la Biblia tiene que leerse a la luz de los pactos de Dios. Esto es lo que llamamos una hermenéutica o «una manera de leer toda la Biblia que es parte de la interpretación total de la Biblia que le subyace».[10] En otras palabras,

---

[8] O. Palmer Robertson, *The Christ of the Covenants* (Phillipsburg, NJ: Presbyterian and Reformed, 1980), 201ss.
[9] Robertson, 201.
[10] Packer, intro. To Witsio.

nuestro enfoque a la Biblia tiene que tomarse de la Biblia misma.

Desde la Reforma, los creyentes reformados han mantenido el principio de que la Biblia es su propio intérprete. Esto significa que no tenemos que forzar la Biblia, o en su defecto algún texto en particular, para que encaje en nuestras nociones preconcebidas acerca de lo que debe decir. La Biblia, siendo la Palabra de Dios, tiene que hablar por sí misma. Esta es la única manera honesta de tratar con cualquier literatura. Por lo tanto, cuando leemos en la Biblia que Jehová es un Dios de pacto, que la Biblia es su Palabra del pacto, que la salvación es su bendición del pacto, y que nosotros somos su pueblo del pacto, ¿qué podemos concluir excepto que el pacto de gracia permea la totalidad de la revelación divina? ¿Cómo puede algún creyente leer acerca de sin reconocer su significado pactual?

> «las promesas de Dios; la fe, el plan de salvación; Jesucristo el Dios-hombre, nuestro profeta, sacerdote y rey; la iglesias en ambos testamentos, junto con la circuncisión, la Pascua, el bautismo, la Cena del Señor, las complejidades de la adoración del Antiguo Testamento y las simplicidades de su contraparte del Nuevo Testamento; la obra del Espíritu Santo en los creyentes; la naturaleza y estándares de la obediencia cristiana en santidad y amor al prójimo; la oración y comunión con Dios; y muchos temas más»[11]

Muchos lo hacen, pero solo porque no ven cómo enlaza el todo.

Tristemente, muchos cristianos profesantes, o no tienen ningún concepto del pacto en lo absoluto, o tienen uno que

---

[11] Packer, Intro to Witsio.

está severamente limitado. ¿A qué se debe esto? Packer sugiere que se debe a que nosotros tenemos una tendencia natural a enfocarnos en los detalles, tales como los dados arriba, sin incorporarlos a un marco más grande. Después de todo, ¿quién no tiene curiosidad acerca de cómo las promesas de Dios se realizarán en el futuro, o cómo Cristo puede ser completamente Dios y completamente hombre sin comprometer ninguno de ellos? ¿Quién no batalla con la soberanía de Dios versus la responsabilidad del hombre, especialmente con respecto al problema del mal? Seguramente, hay mucho que se puede y debe decir acerca de muchos tópicos. Pero al hacerlo, tenemos que retroceder y abarcar el todo, no sea que perdamos de vista el bosque por ocuparnos de los árboles, como dice el proverbio.

El cuadro mayor de la Escritura es la doctrina del pacto de Dios. Mientras que podemos decir mucho acerca de los diferentes temas de la Biblia sin referirnos específicamente al pacto, realmente no podremos entender ninguno de ellos a menos que los veamos en relación con el todo.

Implicaciones de la Teología del Pacto

Además, el gran cuadro de la teología del pacto tiene extraordinarias implicaciones para los creyentes, las cuales solamente aumentan nuestra confianza en el amor y misericordia de Dios.

En primer lugar, nos recuerda que el Dios de la Biblia es esencialmente un Dios de pacto. Él estableció su pacto con el hombre a través de su Hijo Jesucristo, y promete ser un Dios no solamente para los creyentes, sino también para sus hijos, hasta mil generaciones de los que creen. Para asegurarnos de esto, Dios une su promesa a su Palabra de pacto, la cual, a diferencia de la hierba del campo, nunca se marchitará. Y no olvidemos el amor de Dios que es tan irrevocable y eterno como su Palabra. *¡Oh profundidad de las riquezas de la sabiduría y de la ciencia de Dios! ¡Cuán insondables son sus juicios, e inescrutables sus caminos!* (Ro 11:33).

El corolario de Dios siendo nuestro Dios de pacto es que nosotros somos su pueblo del pacto —unidos a Él por la misma Palabra de pacto y apartados para su honor y gloria. No nos pertenecemos a nosotros mismos, sino que hemos sido comprados con la sangre más preciosa de todas, la sangre de Jesucristo —la sangre del nuevo pacto. *Glorificad, pues, a Dios en vuestro cuerpo y en vuestro espíritu, los cuales son de Dios* (1 Co 6:19-20), dice el apóstol Pablo.

Finalmente, la teología del pacto nos enseña a ver toda la Escritura como la Palabra del pacto de Dios para su pueblo. Un contrato humano nos proporciona cierta paz de mente porque sabemos que los hombres son menos propensos a violar acuerdos escritos, firmados y legalmente ejecutables. Ellos no son infalibles, no obstante. Pero Dios no necesita un contrato en lo absoluto. Puesto que Él es el Dios de la verdad, todo lo que dice es verdadero, ya sea que lo escriba o no. Pero en su gran amor por nosotros, documentó sus promesas para nuestro bien, para acomodarse a la debilidad de nuestra fe. Ahora podemos leer sus promesas para nosotros, derivando más y más consuelo de ellas con cada día que pasa.

Dos versículos tienen una importancia especial en este punto. El primero es Tito 1:2. Hablando acerca de nuestra esperanza de la vida eterna, el apóstol escribió: *la cual Dios, que no miente, prometió desde antes del principio de los siglos*. Observen esto: Dios no puede mentir. Es imposible que mienta. ¿Por qué? Porque cuando Dios habla, lo que no era llega a ser. ¿No es eso lo que sucedió cuando Dios hizo el mundo? Él dice: *Que haya luz, y fue la luz* (Gn 1:3). Por lo tanto, sabemos que podemos confiar en todo lo que dice. Sin embargo, este versículo dice todavía más. Nos recuerda que Dios nos prometió vida eterna antes de que *el mundo empezara*. Su plan de salvarnos no tuvo principio. Es la expresión de su mente y propósito eternos. Esto es su pacto.

El segundo versículo es Hebreos 6:18: *Para que por dos cosas inmutables, en las cuales es imposible que Dios mienta, tengamos un fortísimo consuelo los que hemos acudido para asirnos de la esperanza puesta delante de nosotros*. Aquí las dos cosas inmutables que hacen que sea imposible que Dios mienta son la inmutabilidad de su carácter y el hecho de que ha dado su Palabra como un juramento o garantía de su pacto.

¿Qué más podemos pedir? ¿Qué más necesitamos?

Capítulo 2
Definición del Pacto

☦

Como vimos en el capítulo anterior, la doctrina del pacto es central para nuestro entendimiento de todo lo que hay en la Biblia. De hecho, la palabra *pacto* aparece en la traducción King James (Nota del traductor: la Biblia King James es la versión inglesa que usó el autor) un total de 300 veces. El ochenta y cinco por ciento de estas se refiere a los pactos de Dios con los hombres.

Pero ¿qué es un pacto? Puesto que esta palabra define la relación entre Dios y el hombre, debemos tener un entendimiento claro de lo que significa.

En el *Catecismo Infantil* (un pequeño catecismo usado por algunas iglesias presbiterianas para la instrucción de sus hijos de preescolar), una pregunta dice: «¿Qué es un pacto?» La respuesta es simplemente: «Un acuerdo entre dos o más personas».

Los estudiantes mayores de la Biblia puede que no queden satisfechos con esta definición, pensando que es demasiado simple para ser de utilidad. Pero cuando intentamos ser más específicos, encontramos que las definiciones resultantes llegan a ser menos y menos útiles porque fracasan en abarcar todos los pactos de la Escritura. Si nuestra definición de pacto, por ejemplo, requiere un documento escrito, entonces solamente el pacto de gracia cumpliría los requisitos. E incluso no tenía un registro escrito hasta el tiempo de Moisés.

Sin embargo, la sencilla definición dada arriba tiene incluso más problemas. Para los teólogos protestantes reformados, la idea de que un pacto, específicamente un pacto entre Dios y los hombres, pueda ser un *acuerdo* de cualquier clase tiene que ser considerado como una rendición al arminianismo. ¡Cómo se atreve el hombre a pensar que tenga alguna parte al hacer un pacto con Dios, incluso si su parte es solamente aceptar los términos de Dios y vivir según ellos por la gracia de Dios!

Por lo tanto, tenemos que examinar las diferentes definiciones de *pacto* ofrecidas por los teólogos reformados para ver cuál está más de acuerdo con el testimonio de la Biblia con respecto a sí misma y, por lo tanto, nos daría la mayor esperanza de entender todo el rango de la autorrevelación de Dios.

Herman Hanko

Empezaremos con los teólogos protestantes reformados, ya que su definición de pacto difiere de manera muy significativa de la definición elemental del *Catecismo Infantil*. Herman Hanko representa esta perspectiva.

Hanko define un pacto como la acción de Dios de llevar a su pueblo al compañerismo que siempre ha existido entre el Padre, el Hijo y el Espíritu Santo. Él escribe:

> Si empezamos con Dios en nuestra discusión del carácter y naturaleza del pacto, tenemos que mantener primero que todo que

el pacto es la revelación de Dios en la que Él da a conocer la vida de pacto que vive en sí mismo. Dios hace esto al llevar a aquellos con quienes establece su pacto a su propio compañerismo como el Dios trino.[12]

Y nuevamente:

Cuando Dios establece su pacto con su pueblo, lo hace no sólo al hablarles acerca de la vida de pacto que vive dentro de sí mismo, sino que revela su vida de pacto que vive dentro de sí mismo a su pueblo, al introducirlos a su propia vida de pacto. Hace que ellos compartan el gozo y felicidad de su propio compañerismo. Concede al hombre gustar la grandeza de esa comunión y compañerismo que Él disfruta en sí mismo.[13]

La ilustración que ofrece es la de una niña abandonada, a quien una familia que pasaba la toma y recibe como uno de sus propios hijos. Los padres la bañan y le dan de comer, y la acuestan para dormir. En efecto, toda la familia la recibe como si ella hubiera nacido dentro de la familia.

El problema con esta definición de pacto, como yo lo veo, no es que sea totalmente incorrecta, sino que es incompleta. Cuando el Señor dice: *y andaré entre vosotros, y yo seré vuestro Dios, y vosotros seréis mi pueblo* (Lv 26:12), ciertamente esto incluye compañerismo con el Dios trino. Pero deja sin respuesta las preguntas importantes: ¿Cuál es la naturaleza de esa relación? ¿Cuáles son sus términos y condiciones? ¿Cómo se establece?

Para estar seguros, Hanko no ignora estas preguntas, sino que más bien las descarta como irrelevantes, ya que

---

[12] Hanko, 20.
[13] Hanko 10.

asumen un punto de vista del pacto que él considera que no es bíblico. Se niega a hablar del pacto como un acuerdo porque los acuerdos incluyen «diferentes estipulaciones, obligaciones, y provisiones de parte de ambos». Esto, dice, hace al pacto «condicional», es decir, puede realizarse y hacerse efectivo solamente cuando se cumplen ciertos términos. Como él lo ve, esto significa que «aquellos que mantienen que el pacto es un acuerdo insisten también en que el pacto es *bilateral*».[14] Para Hanko, esto compromete la soberanía de Dios al administrar el pacto. Ya que su opinión del pacto no tiene condiciones, también no tiene partes o integrantes.[15] El pacto es completamente unilateral (Nota del traductor: que tiene o presenta un solo lado, parte o aspecto).

En efecto, hay un peligro al definir un pacto como un acuerdo. Gordon Clark comenta sobre esto como sigue:
En estos días los acuerdos o contratos por lo general se redactan por dos o más partes razonablemente iguales. Al menos, incluso la parte más débil puede imponer la aceptación de una o dos cláusulas subordinadas. En el Pacto de Gracia, sin embargo, el hombre pecaminoso no tiene derecho en cuanto a lo que deben ser los términos del pacto. Por lo tanto, la transacción podría llamarse una imposición, una promesa, un mandato, pero difícilmente un

---

[14] Hanko, 191-192. No es que Hanko desapruebe la palabra *condición*. Más bien, mantiene que la mayoría de la gente la usa actualmente en el sentido de «prerrequisito» o «requisito necesario», mientras que los primeros teólogos pactuales lo entendieron más como la «vía» o «medio» por el cual Dios soberanamente realiza el pacto en la vida de su pueblo. Ciertamente, las condiciones del pacto no son prerrequisitos, y es dudoso si muchos teólogos reformados dirían lo contrario. Pero ¿las palabras «vía» y «medio» evitan el problema? Esto es altamente dudoso. Si las condiciones del pacto son el medio divinamente ordenado de su realización, entonces ¿no son también necesarios en el sentido de que Dios los requiere, ya sea que los cumpla en su pueblo o no?
[15] Hanko, 193.

contrato.¹⁶

Aunque esto pareciera destruir la idea de que un pacto es un acuerdo, esa conclusión sería incorrecta. Clark explica que la idea de acuerdo «no requiere ni que las partes sean iguales, ni que las partes mismas determinen la condición».¹⁷ El único requisito es que ambas partes acepten los términos del pacto, independientemente de cómo esos términos se llevaron a cabo.

Un comentario por John Murray pareciera alinearse con Hanko. Murray escribió:

> Incluso en este caso [la necesidad de guardar las obligaciones del pacto], la noción de convenio o acuerdo es ajena a la naturaleza de la constitución del pacto».¹⁸ Sin embargo, en la siguiente página clarifica esto al trazar una distinción entre una «condición de otorgamiento» (una condición para el establecimiento y mantenimiento del pacto) y una «condición de realización consumada» (una condición para recibir las bendiciones del pacto). Él acepta la última como «las respuestas recíprocas de fe, amor y obediencia, aparte de las cuales el disfrute de la bendición del pacto y de la relación de pacto es inconcebible.¹⁹

O. Palmer Robertson

Otro intento por definir el pacto proviene de O. Palmer Robertson. Empieza su obra, *The Christ of the Covenants,* declarando que un pacto es «un vínculo de sangre administrado soberanamente».²⁰

---

[16] Clark, *The Atonement,* 18.
[17] Clark, *The Atonement,* 18.
[18] John Murray, *The Covenant of Grace,* (Phillipsburg, NJ: Presbyterian and Reformed, 1988), 18.
[19] Murray, 19.
[20] Robertson, 4.

De muchas maneras, la definición de Robertson es superior a la de Hanko. En primer lugar, reconoce que los pactos de Dios con el hombre son establecidos unilateralmente sin descartar el hecho de que el hombre, la parte inferior, tenga que aceptar sus términos. Dios dijo a Abraham: *Y pondré mi pacto entre mí y ti, y te multiplicaré en gran manera* (Gn 17:2). Abraham no solamente cayó postrado sobre su rostro en adoración por la misericordia de Dios, sino que *el mismo día fueron circuncidados Abraham e Ismael su hijo* (vv. 3, 26). Y cuando Abraham recomendó un cambio –aceptar a Ismael como el hijo prometido en lugar del niño que todavía iba a nacer– Dios dijo que no, y eso fue el fin de la discusión.

Sin embargo, la inclusión de la sangre en la definición de Robertson es problemática. Ciertamente, el corazón del pacto de gracia demanda el derramamiento de sangre, como Robertson explica muy bien al tratar con la división de los animales en Génesis 15, pero no se sigue de esto que la sangre está involucrada en cada pacto registrado en la Biblia. De hecho, Robertson mismo batalla con esto en varias áreas. Si la «muerte es esencial… para inaugurar un pacto»,[21] entonces ¿cómo se estableció el pacto de la creación? Tampoco las muertes del primer o segundo Adán se pueden decir que lo inauguraron.[22] Ni siquiera hubo una representación simbólica de la muerte del transgresor del pacto antes de la caída. Además, cuando venimos al pacto con Noé, Robertson dice que la destrucción del mundo y la institución posterior del castigo capital cumple el requisito de la sangre.[23] Esto no solamente parece ser

---

[21] Robertson, 11.
[22] Robertson, 81ss.
[23] Robertson, 124.

extremadamente forzado, sino que uno se pregunta por qué no citó mejor los sacrificios hechos por Noé después del diluvio. La necesidad de la sangre también eclipsa su entendimiento de διαθήκη en el capítulo nueve de Hebreos (vv. 15-20). En un pacto, dice, la muerte simboliza la garantía de la muerte y es realizada en el transgresor del pacto como juicio del pacto. La crucifixión de Jesucristo es la muerte requerida por el nuevo pacto. Sin embargo, la mención de *herencia* en el versículo 15 y la muerte del testador en los versículos 15 y 17 hablan en contra de las garantías de la muerte y juicio del pacto. Pero tal vez la distinción entre «última voluntad y testamento» y «pacto» no estaba tan claramente definida en el griego antiguo.[24]

Pero el problema más difícil que Robertson enfrenta tiene que ver con el pacto de redención. Ningún acuerdo entre el Padre y el Hijo puede ser «administrado soberanamente» por un integrante, ya que todas las personas de la Trinidad son iguales en todo lo que define a la deidad.[25] De este modo, ningún miembro de la Trinidad es soberano por encima de ningún otro. Witsio dice que «si el Mediador se considerara en el estado de humillación y en la forma de un siervo, él ciertamente es inferior al Padre y subordinado a Él», pero que Cristo «como la causa primera y principal de la gracia salvadora, igual al Padre, obra por su propio poder nuestra reconciliación con Dios por

---

[24] Vos argumenta que διαθήκη, en el tiempo en que la Septuaginta y el Nuevo Testamento se escribieron, significaba «testamento", habiéndose perdido su significado original de «disposición soberana». Sin embargo, los traductores de la Septuaginta y los escritores del Nuevo Testamento parecen haber escogido διαθήκη en lugar de συνθήκη porque este último denota «co-igualdad y compañerismo entre las personas que entran en el arreglo». Además, si la idea del testamento está arraigada en la ley greco-siria en vez de en la ley romana, también hubiera sido incambiable. Vos cita Gálatas 3:15, donde «si no es la declaración explícita de Pablo, al menos la conexión nos conduce a pensar en «testamento». Geerhardus Vos, *Biblical Theology: Old and New Testaments* (Eerdmans, 1975), 24-26.
[25] Robertson, 54.

medio de la sujeción y obediencia de su naturaleza humana, sin la cual el Hijo co-igual no podría realizar su servicio ni obedecer al Padre».[26]

Tampoco el pacto entre el Padre y el Hijo puede ser un «vínculo de sangre», ya que ninguna sangre era necesaria para establecerlo. Nada murió. Robertson mismo admite: «Un sentido de artificialidad es impartido al esfuerzo de estructurar en términos pactuales los misterios de los consejos eternos de Dios».[27] La única salida de este problema es negar que el Padre y el Hijo alguna vez hicieron un pacto juntos para redimir a los elegidos.
Tal vez, hubiera hecho un mejor trabajo si hubiera buscado una definición más precisa del pacto.

Herman Witsio

Finalmente, llegamos Herman Witsio, cuya obra, probablemente más que la de cualquier otro, ha influenciado la doctrina reformada del pacto.

Después de revisar y resumir las muchas connotaciones de las palabras hebreas y griegas para *pacto,* se decide por la siguiente definición: «Un pacto de Dios con el hombre es un acuerdo entre Dios y el hombre acerca de la manera de obtener la felicidad consumada; incluyendo una amenaza de destrucción eterna, con la cual el que desprecia la felicidad ofrecida de esa manera, será castigado».[28] Veamos cómo le va a su definición.

---

[26] Witsio, 1:184.
[27] Robertson, 54.
[28] Witsio, I:45. Esta definición se enfoca en el pacto divino-humano más que en el pacto intra-trinitario. El resultado de esto para Witsio es que hace del pacto de redención una subcategoría del pacto de gracia.

Lo primero que notamos es que Witsio usa la palabra *acuerdo,* sin embargo, expresa su definición para dejar claro que este acuerdo es impuesto unilateralmente. Dice que es un «pacto de Dios con el hombre», y no al revés. Posteriormente, lo llama una «*promesa* de felicidad consumada en vida eterna», no una recompensa al esfuerzo del hombre, y asigna esto solamente a «la parte de Dios».[29] Cuando habla de la parte del hombre en el pacto, en efecto dice que el hombre consiente y acepta el bien que Dios promete, y se compromete a la observancia de los términos del pacto, pero no de una manera que pudiera haber rehusado. Entrar a una relación de pacto con Dios nunca es una opción para el hombre aparte de la gracia. La segunda de sus cuatro razones para afirmar esto es como sigue:

> 2do. Por causa de la alta soberanía de Dios, quien puede disponer de sus propios beneficios, y designar la condición para disfrutarlos con una autoridad suprema, y sin darle cuentas a nadie; y al mismo tiempo ordena al hombre esforzarse para obtener las bendiciones ofrecidas sobre la condición prescrita. Y de ahí que este pacto, subsistiendo entre integrantes infinitamente desiguales, asume la naturaleza de lo que los griegos llamaban *órdenes,* o *pactos de mandatos.*[30]

Aquí él insiste en que los pactos de Dios tienen que ser unilaterales en origen, ya que Dios soberanamente dispone todas las cosas, incluyendo la salvación de los pecadores. No puede ser de otra manera: las partes en estos pactos no son iguales, y el Señor tampoco puede ni cederá su soberanía. Claramente, Witsio rechazó la idea de que los pactos entre Dios y el hombre sean bilaterales en su iniciación; sin embargo, no tuvo ningún problema en definirlos como

---

[29] Witsio, I:46.
[30] Witsio, 1:47.

acuerdos o bilaterales en la vida que ellos obligan a los integrantes que vivan.

Vemos el aspecto unilateral de los pactos divinos nuevamente en el hecho de que por medio de ellos «Dios... no adquiere ningún nuevo derecho sobre el hombre».[31] Su soberanía no puede ser ni incrementada ni disminuida. El hombre no le deja de deber menos a Dios por el hecho de que Dios estableciera o no un pacto con él. El hombre no tiene nada que ofrecer a su Hacedor y, por lo tanto, no tiene nada qué regatear con Dios. Al contrario, solamente se beneficia del pacto. En el pacto, Dios se hace a sí mismo un deudor al hombre por causa de su bondad, justicia y verdad. Cuando un hombre vive de acuerdo con el pacto, el Señor le concede el derecho de esperar de Él las cosas que ha prometido. Witsio explica que el Señor se obliga a sí mismo a su pueblo en el pacto.[32] Dios, por lo tanto, promete al hombre todo, mientras que el hombre no tiene nada a su vez que prometer a Dios.

Asimismo, el rol de la sangre en el entendimiento que Witsio tiene del pacto es instructivo. No asume la posición de que la sangre de la víctima sacrificada siempre sea necesaria para establecer un pacto, sino que es necesaria cuando la solemnidad del pacto la requiere. Ciertamente, nada es más solemne que la restauración de nuestra posición delante de Dios. El hombre ha fallado en practicar los términos del pacto y tiene que ser castigado con la muerte. En el Antiguo Testamento, la muerte de los quebrantadores del pacto estaba simbolizada por los sacrificios, los cuales también prefiguraban el sacrificio perfecto de

---

[31] Witsio, 1:48.
[32] Witsio 1:48.

Jesucristo. Witsio dice:

> Aquellos que hacían pacto con Dios por medio de un sacrificio, no solamente se sometían al castigo si impíamente al rebelarse contra Dios, menospreciaban su pacto; sino que Dios de la misma manera les dio a entender que toda la estabilidad del pacto de gracia estaba fundamentada en el sacrificio de Cristo, y que el alma y cuerpo de Cristo un día iban a ser violentamente separadas.[33]

La muerte de una víctima es necesaria no solamente porque el pecado del hombre sea una gran ofensa contra Dios, sino también porque creó una ruptura innatural en el compañerismo que Dios y el hombre una vez disfrutaron. Cuando el Señor caminó entre las piezas del sacrificio de Abraham, prometió que entregaría su vida por la nuestra. En esto tenemos un retrato muy dramático, primero, de lo horrible de violar el pacto, y segundo, del compromiso de Dios de restaurarnos al ofrecerse a sí mismo como el sacrificio. Dios hizo honor a su palabra, como Witsio argumenta, cuando Jesús murió en la cruz por nuestros pecados. La separación violenta de su cuerpo y alma demuestra que nuestro compañerismo con Dios ha sido restaurado.

Adicionalmente, Witsio nos anima a considerar las comidas de compañerismo del Antiguo Testamento en relación con los pactos de Dios. «Era asimismo una costumbre que los acuerdos y convenios fuesen ratificados por medio de fiestas solemnes».[34] Estas comidas, incluso más que los sacrificios, se enfocaban en la restauración de la comunión rota: eran «señales de una amistad sincera y duradera».[35]

---

[33] Witsio 1:45.
[34] Witsio 1:44.
[35] Witsio 1:45.

En ellas, la muerte de los animales retrataba el castigo por romper el acuerdo, pero en la medida que los animales eran comidos por ambas partes (o sus representantes), demostraba la intención de buena fe de aquellos que vivían según los términos del pacto. Compartir una comida proclamaba visiblemente una unidad de propósito. En el Nuevo Testamento, la Cena del Señor hace lo mismo. «Aquellos sagrados banquetes, a los cuales los pactantes eran admitidos en la presencia del Señor, especialmente aquel banquete instituido por el Señor Jesús bajo el Nuevo Testamento, de la manera más eficaz sella o ratifica la comunión íntima y el compañerismo que hay entre Cristo y los creyentes.[36]

Así pues, después de haber examinado la definición de *pacto* como fue formulada por tres diferentes autores reformados, parece claro que el corazón de la definición es un acuerdo entre personas. Sus condiciones han sido unilateralmente impuestas por Dios, es decir, solo Dios determina sus promesas y requerimientos. Sin embargo, el pacto es vivido bilateralmente tanto por Dios como el hombre. Por supuesto, el hombre solamente puede cumplir su parte por la gracia de Dios. Y puesto que los pactos entre Dios y el hombre son de la naturaleza más solemne, generalmente son sellados con sangre, siendo confirmado el nuevo pacto con la sangre de Jesucristo, el Hijo de Dios.

De esta manera, Dios mismo nos introduce al compañerismo íntimo consigo mismo. Él es nuestro Dios y nosotros somos su pueblo.

---

[36] Witsio 1:45.

Capítulo 3
El Pacto de la Creación

☥

Al abrirnos paso a través de la Biblia, el primer pacto que encontramos históricamente es el pacto de la creación.[37] Este pacto es «un acuerdo entre Dios y Adán, [quien fungía como el] representante de toda la raza humana; por el cual Dios prometió vida eterna y felicidad al hombre si obedecía todos sus mandamientos; amenazándolo con la muerte si fallaba incluso en el punto más pequeño: y Adán aceptó esta condición».[38] Los términos

---

[37] Aquí debe notarse que los escritores reformados expresan una variedad de opiniones con respecto a este pacto y cómo debería ser llamado. Hanko niega que Dios estableciera un pacto separado con Adán y provee varias razones de su negación, diciendo que la razón más importante es que tal pacto implicaría que la desobediencia de Adán frustraría el plan de Dios (30-32). Sin embargo, no es particularmente convincente en la medida que mezcla el decreto de Dios y el precepto: Dios ordenó a Adán que hiciera una cosa y le mandó hacer otra. Esto es lo que el apóstol Pablo llama la demostración de su poder e ira (Ro 9:17, 22). En vez de ello, Hanko afirma que el pacto con Adán era solamente una parte del pacto de gracia. Robertson, por otro lado, argumenta que tenemos que reconocer las «dos épocas básicas de la relación de Dios con el hombre», las cuales por lo general se llaman «el pacto de obras» y «el pacto de gracia»; sin embargo, pone objeción a la nomenclatura que «parece sugerir que la gracia no estaba en operación en el pacto de obras» y «que las obras no tienen ningún lugar en el pacto de gracia». También hace notar que la distinción entre las obras y la gracia enfoca la atención en un elemento, a saber, comer del fruto del árbol del conocimiento, descuidando la responsabilidad mayor del hombre con su Creador. De este modo, propone los nombres «pacto de la creación» y «pacto de redención» (54-57). Machen usa la frase «el pacto de vida» (que tomó de la pregunta 12 del Catecismo Menor de Westminster), pero explica que también se le llama correctamente el pacto de obras «porque por los términos de éste el hombre viviría o moriría de acuerdo con lo que hiciera» (J. Gressham Machen, *The Christian View of Man* [London: Banner of Truth, 1965], 158).
[38] Witsio, 1:50. Robertson argumenta a favor de un pacto pre-noático con base en Jer 33:20-26 cf. 31:35ss y Oseas 6:7 (19-25). Sin embargo, los elementos del pacto también se pueden

de este pacto se establecen en Génesis 2:16-17, donde Dios dijo a Adán: *De todo árbol del huerto podrás comer; más del árbol de la ciencia del bien y del mal no comerás; porque el día que de él comieres, ciertamente morirás.*

Nuestro análisis del pacto de la creación consistirá en dos partes. Primero, consideraremos las partes contratantes y su relación mutua. Segundo, examinaremos los términos del pacto, es decir, la obediencia que Dios esperaba de Adán, la promesa que le ofreció por su obediencia, y el castigo con que lo amenazó por su desobediencia.

Las partes

Las partes en el pacto de la creación eran Dios y Adán. Dios mandó a Adán que no comiera del árbol prohibido, y Adán debía obedecer.

Aquí el Señor asume la parte de un «Señor soberano y supremo, que prescribe con poder absoluto, lo que juzga equitativo[39]». Esto está enfatizado por el hecho de que la prueba particular de la obediencia de Adán era completamente arbitraria. El árbol del conocimiento aparentemente no era diferente a ningún otro árbol en el huerto, excepto que Dios había dicho: «*no comerás de él*». El Señor pudo haber mandado a Adán que no se asociara con jirafas, no bebiera agua del Éufrates, o asesinara a su encantadora esposa. «De haber sido lo último», argumenta Clark,

---

establecer en la narrativa de Génesis 2. Oseas 6:7 confirma esto, aunque el pasaje en Jeremías es de menos ayuda.

[39] Witsio, 1:50. Aunque Witsio declara aquí que la prueba de la obediencia de Adán estuvo basada en «lo que él juzga equitativo», convirtiéndolo así en un mandato arbitrario, posteriormente insiste en que lay de la naturaleza, que él asocia principalmente con los Diez Mandamientos, fluye de la misma naturaleza de Dios (1:63-67).

Adán simplemente pudo haber obedecido a Dios porque Eva era muy hermosa...Pero en el caso del fruto, cualquier belleza que tenía no era un motivo suficiente para la desobediencia; y el único motivo para la obediencia era el mero deseo de obedecer a Dios».[40] De este modo, mientras más arbitraria la prueba, era mejor, en la medida en que Adán entendiera que se trataba de su lealtad incuestionable a su Hacedor. «Este punto enfatiza la naturaleza radical de la obediencia requerida. Al actuar como un agente libre...el hombre, no obstante, tiene que humillarse bajo la Palabra hablada una vez por su Creador soberano.[41]

Adán, por otro lado, tenía una doble función en el pacto de creación.[42] Primero, fungía como un hombre individual. Al ser hecho a la imagen de Dios, es decir, con su razón en sumisión a Dios y su voluntad en sumisión a su razón, le competía cumplir por sí mismo la justicia que Dios requería de él. Tal justicia no puede provenir de los animales debido a que ellos no están hechos a la imagen de Dios y, por lo tanto, no poseen la habilidad de pensar. Solamente el hombre (y aparentemente los ángeles) pueden entender, interpretar y obedecer instrucciones verbales.[43] Cuando Dios mandó a Adán que sea fructífero y llenara la tierra, en eso estaba implícito el hecho de que Adán como hombre hecho a la imagen de su Creador, tenía la responsabilidad no solamente de vivir de acuerdo con la Palabra de

---

[40] Gordon Clark, *The Biblical Doctrine of Man* (Jefferson, MD: Trinity Foundation, 1984), 61-62.
[41] Robertson, 84. Robertson dice, además: «El requerimiento con respecto al árbol del conocimiento del bien y del mal no debe concebirse como una estipulación de alguna manera arbitraria sin una relación integral con la vida total del hombre. En vez de ello, esta prohibición particular tiene que considerarse como el punto focal de la prueba del hombre» (81). Aquí se tiene que enfatizar las palabras «sin una relación integral con la vida del hombre». La estipulación era arbitraria, pero era arbitraria con un propósito.
[42] Witsio 1:51.
[43] Clark, *Doctrine of Man,* 14-19. Witsio habla de la imagen de Dios en tres partes: 1. Antecedentemente, entendimiento y voluntad; 2. Formalmente, justicia y santidad; y 3. Consecuentemente, la inmortalidad del hombre completo y su dominio de los animales (1:57).

Dios, sino también de investigar su significado.

Por otro lado, Adán no actuó solamente por sí mismo en el pacto de creación. También fungió como el representante pactual de toda su posteridad natural. Witsio dice:

> Toda la historia del primer hombre prueba que no debe ser considerado como una persona individual, sino que toda la naturaleza humana está tomada en cuenta en él. Porque no se dijo a nuestros primeros padres solamente que *fructifiquen y se multipliquen,* en virtud de lo cual la propagación de la humanidad todavía continúa. Ni tampoco es cierto solamente para Adán que *no es bueno que el hombre esté solo;* ni tampoco se aplica solamente a él la ley conyugal: *por tanto, dejará el hombre a su padre y a su madre, y se unirá a su mujer, y serán una sola carne,* ley que Cristo también pone en vigor en Mateo 19:5. Ni tampoco le afectó solamente a él el castigo que Dios pronunció sobre Adán por su pecado: *ciertamente morirás,* sino que *la muerte pasó a todos los hombres,* de acuerdo con la observación del apóstol en Romanos 5:12. Todo esto abiertamente proclama que Adán era considerado aquí como la *cabeza* de la humanidad.[44]

Aunque los detalles de los primeros dos capítulos de Génesis apoyan el hecho de que Adán fungía en una capacidad representativa, el único pasaje que afirma esto muy claramente, más que los otros, es Romanos 5:12-21.

Históricamente, ha habido tres interpretaciones principales de este pasaje. La interpretación correcta puede someterse a prueba con una sencilla regla: «Sólo una persona completamente insana podría negar que Pablo en este

---

[44] Witsio, 1:58.

pasaje construye una analogía entre Adán y Cristo».[45] Por tanto, cualquier interpretación que falle en preservar la analogía de Pablo o que sea inconsistente con el resto de la Biblia tiene que ser rechazada.

La primera interpretación es la de Pelagio, un asceta de los siglos cuarto y quinto. Él sostenía que los infantes entran a este mundo en un estado de neutralidad. En lo que concierne a su naturaleza, los niños son igualmente capaces de escoger el bien como el mal. Todos los hombres pecan, dijo, no por causa de un defecto en la naturaleza misma, sino porque sus padres les dieron un mal ejemplo. Ellos simplemente nunca tuvieron un mejor conocimiento. Pelagio era consistente. Él también enseñó que llegamos a ser rectos por seguir el buen ejemplo de Jesucristo.

No cabe duda de que el punto de vista de Pelagio reconoce una analogía, pero tristemente es la analogía equivocada. Pablo dice que todos los hombres fueron constituidos pecadores por un acto rebelde de Adán, y que fuimos hechos justos por la obediencia de Jesucristo. Nuestras obras pecaminosas o justas, cualquiera que pueda ser el caso, son el resultado de sus acciones. Por tanto, el punto de vista pelagiano no puede ser correcto.

El segundo punto de vista es común tanto a romanistas como arminianos. Enseña que el pecado de Adán produjo corrupción y depravación en la humanidad, haciendo así que el pecado humano fuese inevitable. Esta corrupción de la naturaleza, aunque no es pecado en sí misma, nos inclina al pecado, el cual, a su vez, nos hace culpables

---

[45] Clark, *Doctrine of Man,* 63. El resto de la discusión de estas estos tres puntos de vista también proviene de Clark, 63-67.

delante de Dios y merecedores de la muerte. Pero la salvación es un asunto completamente diferente. Jesús vino al mundo solamente para hacer posible nuestra salvación, pero si somos salvos o no, se determina solamente por lo que hacemos al respecto. Los romanistas creen que Dios infunde gracia en nosotros, y a partir de ahí merecemos la salvación por nuestra obediencia. Los arminianos, aunque aceptan la doctrina de la justificación por la fe solamente, a menudo la minimizan al enseñar que somos justificados por causa de nuestra fe, y no únicamente por ella.

Los problemas son muchos con el punto de vista romanista-arminiano. Cuando Pablo dice que *todos han pecado* (Ro 5:12), el significado del verbo aoristo (ἥμαρτον) es que todos los hombres participaron en el único acto de Adán. Estas palabras no pueden ser traducidas «todos llegaron a corromperse». Además, este punto de vista afirma que la muerte es el resultado de la depravación, mientras que la Biblia enseña que la depravación está incluida en la sentencia de muerte. Cuando Adán murió, se hizo a sí mismo incapaz de hacer algún bien. Pero la objeción más seria es que oblitera completamente la analogía de Pablo al reconocer a Adán como la cabeza federal de la humanidad sin reconocer también a Cristo como la cabeza federal de su pueblo. El apóstol insiste en que fue por la desobediencia de un hombre que todos los hombres llegaron a ser pecadores, *y* por la obediencia de otro que muchos fueron hechos justos.

Esto nos lleva al tercer punto de vista, el cual enseña que Adán no sólo era la cabeza natural de la raza humana, sino que también fue designado por Dios para fungir como su cabeza y representante en el pacto original. Su obediencia o desobediencia se imputaría a todos sus descendientes naturales.[46] Por tanto, morimos porque Adán falló la prueba. Incluso los infantes ocasionalmente mueren en la infancia porque ellos también son recipientes de la imputación del pecado de Adán. Ni el punto de vista pelagiano ni el punto de vista romanista-arminiano pueden dar una explicación de las muertes de los infantes. Y de la misma manera, Cristo fungió como la cabeza y representante de su pueblo en el pacto de gracia, de tal manera que su obediencia fue imputada a su pueblo. El Señor ahora nos mira como si nunca hubiéramos cometido ni tenido ningún pecado.

Solamente el punto de vista reformado preserva el paralelo correcto entre Cristo y Adán. Ambos fungían como representantes pactuales de los hombres.

Los términos

Ahora, procedamos a la discusión de los términos del pacto de la creación, incluyendo su condición, promesas y amenazas.

La condición de este pacto era la obediencia perfecta de Adán al mandamiento de Dios: *De todo árbol del huerto podrás comer; más del árbol de la ciencia del bien y del mal no comerás; porque el día que de él comieres, ciertamente morirás».*

La Biblia implica que Dios dio a Adán su ley moral poco después de haberlo creado, probablemente incluso antes

---

[46] Aquí usamos la palabra *natural* para distinguir a Jesús del resto de la humanidad. Solamente Él fue concebido en el vientre de María por la operación supernatural del Espíritu Santo, confirmando de este modo que no fue incluido en la jefatura federal de Adán.

de la caída. Pero debido a que Adán fue creado originalmente con un amor natural tanto para Dios como para su prójimo, una prueba de su obediencia basada en tales leyes no hubiera sido una condición adecuada para el pacto de la creación.[47]

Esta condición del pacto tenía el propósito de enseñar al hombre cuatro cosas, las cuales Witsio declara como sigue:

> 1. Que Dios es Señor de todas las cosas; y que es ilícito para el hombre desear siquiera una manzana, sin su permiso. Por tanto, en todas las cosas, desde la mayor hasta la menor, el consejo de Dios debía ser consultado, con respecto a lo que el hombre haría o no hubiera hecho por nosotros. 2. Que la verdadera felicidad del hombre se encuentra solamente en Dios, y nada debe desearse sino en sumisión a Dios y con el fin de emplearla para Él. De manera que es Él solamente, por cuya cuenta todas las demás cosas parecen buenas y deseables al hombre. 3. Estar satisfecho de buena gana, incluso sin las cosas más deliciosas y deseables, si Dios así lo manda: y pensar de buena gana que hay mucho más bien en la obediencia al precepto divino, que en el gozo de la cosa más deleitable en el mundo. 4. Ese hombre aún no había llegado a la máxima felicidad, sino que esperaba un bien mayor, después de que su curso de obediencia hubiera terminado. Esto fue insinuado por la prohibición... en la que al hombre se le prohibía el disfrute de algún bien.[48]

---

[47] Witsio habla de la «ley natural» (1:60) y dice que esta es «la misma en substancia con el decálogo» (1:62). En el capítulo 5 de su libro, Robertson distingue entre el aspecto general del pacto de creación (mandamientos generales dados a Adán antes de la caída) y su aspecto principal (el mandamiento específico de no comer del árbol del conocimiento). El primer aspecto es *general* porque trata con las responsabilidades que Dios dio a todos los hombres con respecto a la vida en este mundo, mientras que el segundo aspecto fue dado a Adán solamente. Reconozco que la responsabilidad de Adán para con el Señor era mucho más amplia que simplemente evitar el fruto de un árbol; sin embargo, el pacto de creación hacía resaltar una prueba específica de obediencia.

[48] Witsio, 1:68-69.

Además, para alentar la obediencia de Adán y desalentar su desobediencia, el Señor agregó a la condición esta amenaza: *Porque el día que de él comieres, ciertamente morirás.* El Señor amenazó a Adán con la muerte. Según la Biblia, la muerte «no solo es la muerte del cuerpo sino la separación de Dios y una condenación que debería llenar el corazón del hombre con un terror innombrable».[49]

Aunque Adán no murió físicamente hasta muchos cientos de años después de que pecó, murió espiritualmente en el instante en que decidió desobedecer a Dios. Su elección lo alienó de la vida que Dios le había ofrecido (cf. Ef 4:18). Esta muerte espiritual es tanto pecado como la consecuencia del pecado; *pecado* porque incapacita al hombre para desempeñar cualquier obra en obediencia a Dios, y *la consecuencia del pecado* porque trae la miseria de la maldición sobre la humanidad.[50] La muerte espiritual también tiene su plena realización en la muerte eterna, donde el humo de su tormento sube por los siglos de los siglos, mientras experimentan la ira absoluta de Dios en el castigo eterno (Ap 14:11).

Si Adán hubiera obedecido a Dios, no habría conocido la separación de Dios ni experimentado la disolución de su cuerpo, sino que habría vivido para siempre en una comunión sin fin con su Hacedor.[51] Esto está implicado en el hecho de que «la amenaza de la muerte muestra que la

---

[49] Machen, 158.
[50] Witsio, 1:87.
[51] Witsio dice que la recompensa no se debía a algún valor intrínseco por abstenerse del fruto, sino por el hecho de que Dios eligió hacer un pacto con él de esta manera (1:70). Es decir, fue una manifestación de la gracia divina.

muerte no era un fin natural de la vida».[52] Pero, por otro lado, la vida eterna no debe pensarse meramente como un regreso a la vida y la comunión con Dios que Adán tenía antes de la caída. Incluye, más bien, un mayor «grado de felicidad, que consiste en el gozo completo e inmediato de Dios, y en un estado más espiritual».[53]

Aquí se puede plantear la pregunta, como lo hizo Machen, ¿el cuerpo de Adán hubiera continuado después de la prueba en la misma forma en que fue creado primero, o el Señor hubiera transformado su cuerpo en algo más grande y poderoso? Aunque esta respuesta no puede contestarse con certeza, la Biblia permite la posibilidad de que «la prevención de la muerte, si Adán no hubiera pecado, se habría producido de alguna otra manera que no fuera por la operación del curso de la naturaleza».[54]

Desafortunadamente, Adán no guardó su parte en el pacto de la creación, sino que actuando como la cabeza federal de la raza humana se condenó a sí mismo y a toda su posteridad a la muerte. El pecado y la miseria prosperan hoy en el mundo debido a que escogió su propio camino más que la obediencia a la Palabra de Dios.

Ciertos aspectos del pacto de la creación continúan vigentes incluso en nuestros días. Dios jamás ha relajado su exigencia de perfecta obediencia, la vida eterna todavía se promete a todo aquel que cumpla esa exigencia, y la muerte todavía aguarda a aquellos que no.[55] Pero el pacto de la creación, como principio de vida, es también

---

[52] Clark, *Doctrine of Man*, 61.
[53] Witsio, 1:80.
[54] Machen, 156.
[55] Witsio, 1:151, 157-158.

«aplicable [a los descendientes ordinarios de Adán] porque no hay nadie que busque a Dios, todos han pecado, y no hay quién haga el bien, ni siquiera uno».[56] Pero no fue inaplicable a Jesucristo, el segundo Adán, quién ganó la salvación de su pueblo mediante la obediencia perfecta de la voluntad de Dios. Robertson observa:

Solo la obediencia radical puede proveer de una base adecuada para la restauración de los hombres culpables de la desobediencia radical... Tres veces en gran agonía Cristo batalló con esta última decisión (cf. Mt 26:39; 26:42; Jn 18:11). En evidente progreso de obediencia pasa de: «Si es posible, pase de mi esta copa», a: «si no puede pasar de mí esta copa sin que yo la beba, hágase tu voluntad», a: «la copa que el Padre me ha dado, ¿no la he de beber?»[57]

Ofreciendo su vida de obediencia radical a la justicia del Padre, aseguró para su pueblo el perdón de los pecados, justicia y vida eterna.

El hecho de que la Biblia describe al Señor Jesucristo como *el Cordero que fue inmolado desde el principio del mundo* (Ap 13:8), muestra que este había sido siempre el plan de Dios. Él sabía que Adán no guardaría el pacto de la creación. Su caída no fue un error, un giro inesperado de eventos o una frustración del plan de Dios. Sin adoptar la creencia de Hanko de que el pacto con Adán era meramente una parte del pacto de gracia, podemos concordar en que:

La creación del primer Adán, la caída de Satanás y la caída de

---

[56] Clark, *Doctrine of Man*, 60. Ver también Witsio, 1:158-159.
[57] Robertson, 86.

Adán todas fueron el medio que Dios había ordenado para alcanzar un propósito mayor en su propio Hijo, nuestro Señor y Salvador. El primer Adán tuvo que hacer lugar para el segundo Adán, y la caída en el pecado debía tener lugar para que las riquezas de la gracia en Cristo pudieran manifestarse.[58]

De este modo, incluso el pacto de la creación, en que Adán introdujo el pecado y la miseria a la humanidad, se preparó para el derramamiento de la gracia de Dios en el mundo.

---

[58] Hanko, 40.

Capítulo 4
El Pacto de Redención

╬

Dios colocó a Adán bajo el pacto de la creación, y Adán falló en guardar ese pacto. Reprobó la prueba, mereciendo el disgusto de Dios tanto para sí mismo como para todos sus descendientes naturales.

Sin embargo, no debemos asumir de esto que Dios abandonó su primer pacto cuando Adán pecó. Al contrario, Él nunca ha aceptado y jamás aceptará nada que no sea la justicia perfecta. Levítico 18:5 es claro: *Por tanto, guardaréis mis estatutos y mis ordenanzas, los cuales haciendo el hombre, vivirá en ellos. Yo JEHOVÁ*. A esto agregamos Hebreos 12:14: *Seguid la paz con todos, y la santidad, sin la cual nadie verá al Señor*.

Pero la continuación del pacto de la creación plantea algunos problemas. Uno es que la caída de Adán volvió a todo hombre incapaz de una obediencia parcial y mucho menos perfecta. Si solo tuviéramos el pacto de creación, la salvación sería imposible. Pero cuando nos volvemos al pacto de gracia, parece que el Señor ya no requiere una justicia perfecta de su pueblo para la vida eterna. ¿Cómo pueden ser verdad ambas cosas?

La Doctrina Bíblica

Para responder a esto, recurrimos a otro pacto, el pacto de redención. De hecho, este pacto no es *otro* en el sentido de no estar relacionado con otros pactos. Más bien, es otro debido a que cierra la brecha entre los otros dos.[59] Según sus términos, Jesucristo acordó hacer lo que Adán falló: guardar perfectamente la ley de Dios. Y además acordó hacer lo que Adán jamás pudo haber hecho: imputar su propia justicia a su pueblo.

El pacto de redención puede definirse como un acuerdo entre las tres personas de la Trinidad para salvar a los elegidos. El Hijo acordó asumir una perfecta y completa naturaleza humana, vivir bajo la ley de Dios sin pecado, y ofrecer su vida de justicia perfecta en una muerte substitutiva y sacrificial para los creyentes. Su parte sería ganar la salvación del hombre. Para sostenerlo en esta obra, el Padre le prometió todo lo que necesitaría para lograr ese objetivo, incluyendo un nacimiento virginal y la plenitud del Espíritu Santo. Como recompensa por hacer su parte, el Padre además le prometió un pueblo para sí mismo: un reino de creyentes.

Desafortunadamente, muchos estudiantes modernos de la Escritura, incluyendo a O. Palmer Robertson, niegan que la Biblia enseñe un pacto de redención. Estos hombres están generalmente motivados por un deseo sincero de ser

---

[59] Witsio incluye el pacto de redención bajo la categoría más amplia del pacto de gracia. Refiriéndose a Gal 3:17, señala que Cristo también fue un recipiente de la promesa y, por lo tanto, debe ser un heredero en el pacto con Abraham. Sin embargo, como mediador, también impartió esa promesa del pacto a su pueblo. Por lo tanto, según Witsio, tiene un papel doble en el pacto (1:166–67). Naturalmente, esto es así, ya que Cristo es tanto Dios como hombre. Pero esto no cambia el hecho de que el pacto de redención es el fundamento del pacto de gracia, sino que lo establece.

fieles a la Palabra de Dios. Señalan, por ejemplo, que la Biblia en ningún lado utiliza la frase «pacto de redención».[60] Sin embargo, los términos del pacto son tan claramente establecidos en una amplia multitud de pasajes que uno se pregunta cómo podrían haberlos pasado por alto.

El segundo Salmo, por ejemplo, asume un acuerdo entre el Padre y el Hijo en que el Padre prometió al Hijo una recompensa o una herencia. El Hijo evocó las palabras del Padre: *Yo publicaré el decreto; Jehová me ha dicho: Mi hijo eres tú; Yo te engendré hoy. Pídeme, y te daré por herencia las naciones, Y como posesión tuya los confines de la tierra* (vv. 7-8). Y también el Salmo cuarenta: *Sacrificio y ofrenda no te agrada; has abierto mis oídos; holocausto y expiación no has demandado. Entonces dije: He aquí, vengo; en el rollo del libro está escrito de mí; el hacer tu voluntad, Dios mío, me ha agradado, y tu ley está en medio de mi corazón* (vv. 6-8).

El libro de Hebreos cita ambos salmos específicamente en referencia a Jesucristo (cf. Heb 1:5; 5:5; 10:5-7). Ambos dicen que Él vino a hacer la voluntad de su Padre, es decir, a cumplir el acuerdo (pacto) que había hecho con el Padre. Ambos salmos también le prometen una recompensa por su obediencia.

Sin embargo, existe una diferencia importante entre el Salmo 40 y los pasajes en Hebreos: donde el Salmo 40 dice: *Has abierto* (o perforaste) *mis oídos*, Hebreos 10

---

[60] Zacarías 6:13 usa la frase consejo de paz y a menudo se cita en apoyo del pacto de redención. Sin embargo, el acuerdo tiene que ver con la relación entre los oficios reales y sacerdotales del Mesías.

dice: *Mas me preparaste cuerpo*. Si bien puede parecer que estas declaraciones están en conflicto, son realmente dos diferentes formas de decir la misma cosa. A un siervo se le perforaban las orejas para indicar que había entrado voluntariamente a una vida de servidumbre perpetua, y el cuerpo de Cristo fue preparado por el Padre para que Él, como el siervo del Padre, pudiera dedicarse completamente a la voluntad de su Padre. El punto de ambos es que Jesús debía tener un cuerpo humano para que la salvación pudiera venir *mediante la ofrenda del cuerpo de Jesucristo hecha una vez para siempre* (Heb 10:10).[61] En diferentes maneras, ambas enfatizan la obediencia incondicional de Cristo a los términos del pacto.

De esto vemos que, aunque el pacto de redención es esencialmente un acuerdo entre las personas de la Trinidad para asegurar nuestra redención, también involucra tanto la naturaleza divina como la humana de Cristo. Él tenía que ser hombre para pagar el castigo por nuestros pecados, ya que Dios no castigaría a otras criaturas en nuestro lugar, pero como un simple hombre no podía haber cargado el peso completo de la ira de Dios sin maldecirlo por ello, necesitaba la ayuda de su divinidad.

Muchos pasajes de la Escritura aluden al pacto de redención intra-trinitario. El Salmo 89 lo ilustra. El salmista escribió:

Hice pacto con mi escogido; Juré a David mi siervo

---

[61] Aquí mencionamos que el pacto de redención requería que Cristo tuviera un cuerpo humano. Sin embargo, es igualmente cierto que debía tener un alma humana. Por un lado, un simple cuerpo (un cadáver) no puede sufrir, pero el Mesías tuvo que sufrir para cumplir con los términos del pacto. Para una prueba de que Jesús tenía un alma, ver Mt 26:38; 27:46; Mr 13:32; Lc 2:52; Jn 12:27; 19:30; Hch 2:27.

(Sal 89:3).

Aquí David sirve como un tipo del Antiguo Testamento del Mesías (cf. Heb 1:5). Una de las características interesantes de este Salmo es que en él Dios parece hablar directamente al Mesías, como si el pacto fuera hecho con Él. Solo el trono del Mesías durará *por todas las generaciones* (Sal 89:4). De esta forma, el pacto davídico, como otras administraciones del pacto de gracia, surge de la determinación de las tres personas de la Trinidad para salvar a aquellos que pertenecen a Cristo. Para continuar:

> Yo Jehová te he llamado en justicia, y te sostendré por la mano; te guardaré y te pondré por pacto al pueblo, por luz de las naciones (Is 42:6).

> Yo, pues, os asigno un reino, como mi Padre me lo asignó a mí (Lc 22:29).

Aunque la traducción de Lucas 22:29 parece tener poco que ver con nuestro tema, el texto griego es más explícito. La palabra traducida *asignar* (διατίθεμαι) es una forma verbal de la palabra usual para pacto. Literalmente, dice que el Padre *pactó* un reino con el Hijo.

Otros pasajes son más sutiles. En los versículos que siguen, nótese qué tan a menudo la Biblia dice que Jesús vino a cumplir una misión que le fue dada por el Padre. Esto asume un acuerdo. La promesa del Padre de dar un pueblo a Cristo por su obediencia también es enfatizada.

> Todo lo que el Padre me da, vendrá a mí; y al que a mí viene, no le echo fuera. Porque he descendido del

Teología del Pacto

cielo, no para hacer mi voluntad, sino la voluntad del que me envió. Y esta es la voluntad del Padre, el que me envió: Que de todo lo que me diere, no pierda yo nada, sino que lo resucite en el día postrero. Y esta es la voluntad del que me ha enviado: Que todo aquél que ve al Hijo, y cree en él, tenga vida eterna; y yo le resucitaré en el día postrero (Jn 6:37-40).

Jesús entonces les dijo: Si vuestro padre fuese Dios, ciertamente me amaríais; porque yo de Dios he salido, y he venido; pues no he venido de mí mismo, sino que él me envió (Jn 8:42).

Yo te he glorificado en la tierra; he acabado la obra que me diste que hiciese. Ahora pues, Padre, glorifícame tú al lado tuyo, con aquella gloria que tuve contigo antes que el mundo fuese. He manifestado tu nombre a los hombres que del mundo me diste; tuyos eran, y me los diste, y han guardado tu palabra. Ahora han conocido que todas las cosas que me has dado, proceden de ti; porque las palabras que me diste, les he dado; y ellos las recibieron, y han conocido verdaderamente que salí de ti, y han creído que tú me enviaste (Jn 17:4-8)

Por tanto, Jesús es hecho fiador de un mejor pacto (Heb 7:22).

Todas las partes de un pacto están presentes en el pacto de redención. Las partes contrayentes son las personas de la divinidad, y sus términos están detallados en la misión del Hijo y la promesa del Padre.

Satisfacción Divina

Ahora que hemos establecido la base bíblica para el pacto de redención, debemos preguntar, ¿qué implica este pacto?

Para empezar, implica un método específico de redención. El problema es el pecado, y el Salmo 5:5 dice que Dios odia a todos los que hacen iniquidad (cf. Sal 7:11; 11:5). El pacto de redención, por lo tanto, debe eliminar el pecado. Y, además, el hecho de que Dios prometió individuos específicos al Hijo en el pacto de redención implica que la obra de Jesucristo debe ser eficaz para beneficio de ellos.

El método de salvación es la satisfacción divina. Todas las demandas de la ley de Dios deben cumplirse en el castigo del pecado. Naturalmente, esto resalta la obediencia pasiva de Jesús (el sufrimiento que soportó a manos de otros), pero no exclusivamente. Si no hubiera abrazado voluntariamente la ley de Dios en cada detalle y caminado a la cruz por su propio acuerdo (lo que llamamos su obediencia activa), no habría jamás sido capaz de sufrir vicariamente en el lugar de otros. De este modo, la satisfacción de Cristo debe incluir todo el alcance de su obra.

Los libros de texto teológicos solían tener un capítulo sobre la *satisfacción* divina; hoy día tienen un capítulo sobre la *expiación*. La idea de que el Dios de la Biblia tenía que ser apaciguado era demasiado desagradable. Al hombre le gusta pensar que él es mejor de lo que la Biblia dice que él es. La expiación, que no requiere de un método específico de reconciliación, y no tiene necesariamente una referencia a la ira de Dios, es mucho más aceptable. Pero ya que el salmo 7:11 afirma inequívocamente que Dios está airado con los inicuos todos los días, satisfacción es la mejor palabra.

La palabra *propiciación*, que aparece solo cuatro veces en el Nuevo Testamento (Ro 3:25; Heb 2:17; 1 Jn 2:2; 4:10), especifica que el Hijo de Dios satisfizo la ira de su Padre. La propiciación es, por definición, aquello que restaura a una persona con otra eliminado la ira de esta última. Los sacrificios del Antiguo Testamento fueron primeramente dirigidos, no a la consciencia del pecador como un analgésico, sino al Dios quien estaba airado con el que los ofrecía. De la misma manera, Cristo se ofreció a sí mismo para apaciguar la ira de Dios hacia los pecadores elegidos y para satisfacer las demandas de su justicia en nuestro nombre. Por esta razón, *JEHOVÁ quiso quebrantarlo* (Is 53:10).

El pacto de redención estipula que Jesucristo tuvo que propiciar la ira del Padre ofreciéndose a sí mismo como un sacrificio de sangre por los pecados de su pueblo. La justicia y la verdad de Dios no podía aceptar nada más. Y la grandeza de su amor es evidente por el hecho de que voluntariamente dio a su Hijo unigénito por pecadores indignos (Jn 3:16; 1 Jn 4:9, 10). Qué tan precioso, entonces, debe resonar el mensaje angélico en nuestros corazones y mentes: *y llamarás su nombre JESÚS, ¡porque él salvará a su pueblo de sus pecados!* (Mt 1:21)

Lo que los pecadores necesitan, entonces, no es una cura inexistente para su proverbial enfermedad pecaminosa, sino una satisfacción por sus ofensas pecaminosas. Esa satisfacción, de hecho, la única satisfacción, es la sangre de

Jesucristo.

Es desafortunado que la Nueva Versión Internacional de la Biblia diga «sacrificio de expiación» donde la palabra griega significa propiciación. Esta traducción es totalmente inaceptable por muchas razones.

Primero, la frase «sacrificio de expiación» no transmite con precisión el sentido del original porque carece de la idea de apaciguamiento o satisfacción. Una madre cariñosa puede hacer muchos sacrificios por el bien de sus hijos, pero eso no significa que sus hijos estuvieran enojados con ella. ¿Y cuántos niños en edad escolar han reparado las malas respuestas en un examen de aritmética repitiéndolo? Ni solas, ni en combinación las palabras *sacrificio* o *expiación* sugieren que Dios está airado con los pecadores.[62]

Un segundo problema con la traducción de la NVI es su potencial impacto futuro. Aunque la idea de satisfacción puede todavía estar en las mentes de los creyentes mayores dondequiera que lean los versículos donde solía aparecer *propiciación*, ¿podemos decir lo mismo sobre los jóvenes que fueron criados con la NVI, que no utiliza ni una vez la palabra *propiciación*? ¿Cuánto tiempo pasará antes de que esta doctrina cardinal se haya escapado inadvertidamente de su consciencia teológica?

El pacto de redención además implica que Jesús moriría efectivamente por individuos específicos. Cualquier otro

---

[62] Esta es también la razón por la que los conservadores estaban tan preocupados cuando la Revised Standard Version tradujo el griego con la palabra expiación. Sin embargo, de las dos traducciones, la RSV es muy preferida a la NVI, porque al menos la expiación implica la eliminación del pecado; el sacrificio de expiación no tiene un significado claro.

punto de vista despoja al evangelio de su poder. Si Jesús simplemente hizo posible la salvación para todos los hombres sin realmente salvar a alguno, entonces se muestra como tonto y débil, ya que la mayoría de los hombres han rechazado o rechazarán su oferta. Si su objetivo era de hecho salvar a todos los hombres, entonces Él es el más grande fracaso del mundo. No solo incontables miles mueren en sus pecados cada día, sino que multitudes incontables perecieron antes de que Él naciera. Estas gentes no tienen esperanza de pasar a la eternidad en comunión con Dios. En cualquier caso, la expiación es limitada; y la pregunta es, ¿quién la limita: Dios o el hombre?

Los versículos que apoyan una expiación limitada hablan de los elegidos como la iglesia, las ovejas o, a veces, solo *su pueblo*:[63]

Y dará a luz un hijo, y llamarás su nombre JESÚS, porque él salvará a su pueblo de sus pecados (Mt 1:21).

Porque muchos son llamados, y pocos escogidos (Mt 22:14).

Así como el Padre me conoce, y yo conozco al Padre; y pongo mi vida por las ovejas. También tengo otras ovejas que no son de este redil; aquéllas también debo traer, y oirán mi voz; y habrá un rebaño, y un pastor (Jn 10:15-

---

[63] Los versículos usados por los arminianos para apoyar una expiación ilimitada (incluyendo Juan 3:16; 1 Tim. 4:10 y 1 Juan 2: 2, por nombrar algunos) por lo general contienen la palabra *mundo* o la palabra *todos*, que creen que resuelve toda cuestión. Pero estas palabras rara vez se refieren a todos los hombres de forma indiscriminada. ¿Augusto realmente cobró impuestos a *todo el mundo*, incluidos los chinos y los peruanos, el año en que nació Jesús (Lc 2:1)? ¿Nos dice realmente el Evangelio de Lucas todo lo que hizo Jesús entre su nacimiento y su ascensión (Hch 1:1-2)? Se necesitan definiciones y argumentos, no suposiciones.

16).

Pero vosotros no creéis, porque no sois de mis ovejas, como os he dicho. Mis ovejas oyen mi voz, y yo las conozco, y me siguen, y yo les doy vida eterna; y no perecerán jamás, ni nadie las arrebatará de mi mano (Jn 10:26-28).

He manifestado tu nombre a los hombres que del mundo me diste; tuyos eran, y me los diste… Yo ruego por ellos; no ruego por el mundo, sino por los que me diste; porque tuyos son… Padre santo, a los que me has dado, guárdalos en tu nombre, para que sean uno, así como nosotros… Yo les he dado tu palabra; y el mundo los aborreció, porque no son del mundo, como tampoco yo soy del mundo (Jn 17:6-14).

Por tanto, mirad por vosotros, y por todo el rebaño en que el Espíritu Santo os ha puesto por obispos, para apacentar la iglesia del Señor, la cual él ganó por su propia sangre (Hch 20:28).

Maridos, amad a vuestras mujeres, así como Cristo amó a la iglesia, y se entregó a sí mismo por ella (Ef 5:25).

Según estos pasajes, el sacrificio que Jesús acordó hacer en el pacto de redención sería completamente eficaz. Salvaría hasta los últimos de aquellos que el Padre le había dado. Como dice Witsio, su salvación implica «una inmunidad de toda miseria, y un derecho a la vida eterna», que consiste principalmente en «llamamiento efectivo, regeneración, santificación, conservación y glorificación»[64]

La muerte de Cristo no hizo la salvación meramente posible. Por la muerte, guiaría a su pueblo al pacto de gracia con todos sus beneficios.

---

[64] Witsio, 1:235. Aquí «conservación» significa preservación. El Señor preserva su gracia en nosotros, haciéndonos perseverar en la fe.

Capítulo 5
El Pacto de Gracia

╬

Cuando el Señor se acercó a Adán en el jardín del Edén y estableció el primer pacto con él, ese fue un acto de gracia divina. El Señor no tenía la obligación de condescender al hombre de esta manera. Puesto que la principal característica de ese pacto no era el regalo de Dios a Adán, sino la obediencia de Adán, a menudo se le llama el pacto de obras.

La gracia también fue prevista en el pacto de redención, debido a que la obra del Hijo solo podía beneficiar al hombre si se le daba como un regalo gratuito e inmerecido. Pero, de nuevo, la promesa del Hijo de satisfacer la justicia de Dios fue el punto principal de ese pacto.

Sin embargo, tan pronto como Adán pecó, el Señor fue a él nuevamente, esta vez para proporcionarle lo que fracasó en alcanzar por sí mismo. Llamamos a esto el pacto de gracia. Por primera vez, la gracia se volvió la característica más prominente de un pacto. Nada dependía de Adán. De hecho, se había corrompido tanto a sí mismo y a toda la humanidad que ni él ni alguien más era capaz de hacer nada ni remotamente agradable a Dios. Solo Dios podía dar al hombre el auxilio que necesitaba.

Algunos han designado la primera declaración de este pacto en Génesis 3:14-19 como el *proto-evangelio*, o el primer anuncio del evangelio. De hecho, eso es exactamente lo que es, porque todos los elementos clave del evangelio están contenidos en él o insinuados por él, como veremos.

La maldición de la Serpiente
Según los versículos 14 y 15, el Señor dirigió la primera palabra de juicio a la serpiente que había orquestado la caída del hombre: *Por cuanto esto hiciste, maldita serás entre todas las bestias y entre todos los animales del campo; sobre tu pecho andarás, y polvo comerás todos los días de tu vida. Y pondré enemistad entre ti y la mujer, y entre tu simiente y la simiente suya; ésta te herirá en la cabeza, y tú le herirás en el calcañar.*

Aunque solamente la serpiente estuvo involucrada en la caída del hombre, Dios también maldijo al ganado y a todas las otras bestias del campo. De hecho, ahora todo carga con las consecuencias del pecado humano y así continuará, según Romanos 8:22, hasta que Jesús regrese. Sin embargo, la serpiente, habiendo sido usada por el diablo para incitar la rebelión de Adán, fue maldecida más que el resto de la creación. Dios la arrojó al suelo en juicio, volviéndola «inferior, más vil y miserable que todas las bestias».[65] Fue condenada a comer polvo en tanto viviera (Sal 72:6;

---

[65] Witsio, 2:111.

Is 49:23; Miq 7:17), y eventualmente sería destruida de un golpe fatal en su cabeza.

Pero ¿esto significa que la maldición estaba principalmente dirigida contra las serpientes? De ninguna manera. «El propósito principal de estas palabras no es simplemente explicar por qué las serpientes se arrastran»,[66] sino preparar el escenario, por decirlo así, para la guerra que sigue entre la serpiente y la mujer, entre su simiente y la de ella; sí, entre Dios y el diablo mismo.

Juan Crisóstomo, un padre de la iglesia del siglo IV, argumentó que, si la serpiente, que solo fue el instrumento del diablo para asegurar la caída del hombre, experimentó tal grado de ira divina, ¿en qué castigo podemos imaginarnos que el diablo mismo incurrió?[67] De este modo, la Biblia a menudo se refiere a Satanás como la serpiente. Él es la *serpiente* que engañó a Eva (2 Co 11:3), el *gran dragón… la serpiente antigua* de Apocalipsis (Ap 12:9). Aunque Jesús lo venció en la cruz, todavía está siendo herido bajo los pies de los creyentes (Ro 16:20).

En la maldición, Dios se dirigió a Satanás como una serpiente por dos razones: primero, para que el hombre pudiera entender qué tan mortífero es su enemigo, ya que la serpiente es uno de los animales más mortales y sutiles. Y segundo, para que el hombre pudiera tener la seguridad de la victoria en la derrota de la serpiente.[68]

---

[66] Robertson, 95.
[67] Crisóstomo parafraseado en Witsio, 2:110.
[68] Juan Calvino, *Calvin's Commentaries* (Grand Rapids, Baker, 1981), 1:169.

Sin embargo, Satanás se niega a aceptar su derrota. Cuando tentó a Jesús en el desierto, realmente creyó que podía ganar. Llevó a Jesús al pináculo del templo y le aseguró del Salmo 91 que ni siquiera se golpearía el dedo del pie si se arrojaba. Sin embargo, no citó el siguiente versículo porque predijo su ruina: *Sobre el león y el áspid pisarás; hollarás al cachorro del león y al dragón* (v. 13).[69] El diablo no creía que Jesús tuviera lo que necesitaba para pisotearlo, como Dios había dicho que la simiente de la mujer haría.

La guerra entre las Simientes
El resultado de la gran batalla entre el bien y el mal estaba determinado antes de que empezara. Pero notemos esto: en Génesis 3:15 el Señor dijo: *Y pondré enemistad*... en otras palabras, Dios mismo comenzó la guerra entre la serpiente y su simiente, por un lado, y la mujer y su simiente, por el otro. Tenía que ser de esta manera, ya que el diablo y el hombre estaban ahora unidos en su oposición contra Dios.[70] Al declararse el autor de la contienda, el Señor hizo claro que esta estaba bajo su control soberano. Tal como la comenzó, así también la finalizaría.[71] Restauraría a la humanidad y destruiría a todos sus enemigos.

Como consecuencia del pecado del hombre, el Señor suscitó enemistad entre la serpiente y la mujer, entre su simiente y la de ella. La simiente de la serpiente indudablemente incluye a los ángeles que se unieron con él en su rebelión, pero también incluyó a los hijos incrédulos de la mujer. ¿Qué diremos de Caín, que asesinó a su hermano

---

[69] Robertson, 101.
[70] Robertson, 96.
[71] Witsio, 2:117.

por celos? 1 Juan 3:12 dice que *era del maligno*. Y también lo eran los judíos incrédulos del tiempo de Jesús, a quienes Juan el bautista llamó *generación de víboras* (Mt 3:7). Jesús les dijo a los judíos más claramente que eran de su padre el diablo, y que cumplirían los malos deseos de su padre (Jn 8:44). De hecho, Satanás es el padre espiritual de todos los hombres desde la caída (Mt 13:38; Ef 2:1-3; 1 Jn 3:8).

Pero si todos los hombres entran al mundo muertos en sus delitos y pecados, y son, por lo tanto, hijos del diablo, ¿es posible que la mujer tenga una simiente piadosa? Dios dijo que su descendencia obtendría la victoria final sobre el diablo, pero ¿quién era su simiente?

En un sentido, Abel lo fue. Jamás pudo haber sido la verdadera simiente de la mujer ya que él, como todo otro hombre, estaba sujeto a la tentación y ocasionalmente caía en ella. Simplemente no tenía el poder para vencer al diablo. Sin embargo, su piedad muestra que el Señor ocasionalmente revela su gracia a individuos específicos y los hace andar en sus caminos. Él fue la simiente de la mujer solo porque estaba unido a la verdadera simiente por fe, como lo están todos los elegidos. Esta unión con la simiente de la mujer hace posible que los creyentes aplasten a Satanás bajo sus pies (Ro 16:20).

La verdadera simiente de la mujer, por otro lado, tenía que ser más fuerte que el diablo. Tenía que ser capaz de resistir toda tentación para que, después de sufrir una contusión de su talón, pudiera levantarse para dar el golpe decisivo. Debido a que ningún simple hombre puede hacer esto, no se puede tener en cuenta a un hijo ordinario de la mujer.[72] La verdadera simiente de la mujer es Jesucristo.

La inusual descripción del Libertador como «la simiente de la mujer» también predice el nacimiento virginal del Señor Jesucristo, que fue *nacido de mujer* en un sentido extraordinario (Gal 4:4). El hecho de que Él no tuvo padre humano confirma que su naturaleza humana se había mantenido libre de la culpa asociada con Adán.[73] Como el segundo Adán (la cabeza del pacto de una comunidad redimida), no estaba bajo la jefatura del primer Adán, sino estaba sobre él como su Salvador.

Incluso el nombre de Eva expresaba la confianza de Adán en que la vida sería restaurada a través de la mujer. Pedro Mártir un reformador del siglo XVI, que trabajó para Cristo tanto en Inglaterra como en Suiza, comentó lo siguiente:

Adán, sabiendo que su simiente heriría al diablo y a la muerte, con justicia y propiedad, eligió llamarla con ese nombre, por el cual esta promesa salvífica de Dios podía en todo tiempo venir a su mente. Ahora bien, Adán había albergado esperanza de vida por Cristo, y cuando percibió que su esposa sería la madre de Cristo, y de todos aquellos que fueran vivificados por Él, llamó su nombre Eva, porque era la madre de los vivientes.[74]

Aparentemente, Eva entendió esto también. Después de que dio a luz a su primer hijo, exclamó, *Por voluntad de*

---

[72] Witsio, 2:118.
[73] Witsio, 2:117.
[74] Pedro Mártir citado en Witsio, 2:124.

Jehová he adquirido varón (Gn 4:1). No obstante, en el hebreo no existe nada que corresponda a la preposición *de*. El texto simplemente dice, «He adquirido varón: Jehová». Esto sugiere probablemente que ella pensó que su primogénito no solo era la simiente prometida, sino incluso el mismo Dios. Por lo menos, vio una conexión extremadamente estrecha entre su hijo y su Dios.

Al final resultó que, Caín fue una monstruosa decepción, pero Eva aprendió de esto que su liberación de la corrupción debía venir de Dios y no por el mero esfuerzo de un simple hombre.

El dolor de la Mujer
A la serpiente, el Señor solo le dio un mensaje de derrota. Ni una sola vez hay el más ligero indicio de que sería restaurada. Al contrario, la salvación del hombre requería su destrucción.

Pero la palabra que Dios habló a la mujer estaba algo mezclada: *A la mujer dijo: Multiplicaré en gran manera los dolores en tus preñeces; con dolor darás a luz los hijos; y tu deseo será para tu marido, y él se enseñoreará de ti* (Gn 3:16).[75] Eva tendría hijos, pero el proceso del parto sería extremadamente doloroso. También tendría esposo, pero su relación con él no sería ya según el diseño original del Señor.

El Señor dijo a Eva, *con Dolor darás a luz los hijos*. En la mayoría de las ocasiones, los comentadores se centran aquí en el dolor del proceso de parto. Sin embargo, tal

---

[75] Robertson, 103.

como la serpiente no era el recipiente primario de la maldición en los dos primeros versículos previos, el dolor del parto solo está aquí como el principio del dolor de la mujer al criar hijos. Imagine, por ejemplo, el dolor que debió sentir Eva cuando su primer hijo, quien pensó que era Jehová mismo, asesinó a su hermano a sangre fría. ¿Y cuántas madres cristianas a lo largo de los años se han afligido porque uno o más de sus hijos no abrazaron la fe? Todos los enfados que los hijos hacen pasar a sus madres en su juventud no se acercan al dolor causado por su apostasía.

En el cuarto capítulo de Eclesiastés Salomón escribió: *Y alabé yo a los finados, los que ya murieron, más que a los vivientes, los que viven todavía. Y tuve por más feliz que unos y otros al que no ha sido aún, que no ha visto las malas obras que debajo del sol se hacen* (vv. 2-3). Esto no es la opinión pesimista de una filosofía especulativa, como gran parte de Eclesiastés, sino una clara declaración de que la vida en este mundo está llena de horrendo dolor y sufrimiento. En ocasiones es tan malo que la muerte es mejor que la vida, y nunca haber nacido es mejor que ambas.

En el primer siglo, mientras se incrementaba la persecución de los cristianos, Pablo alentó a los hombres solteros a no formar una familia de inmediato (1 Co 7:26). ¿Por qué? Porque el sufrimiento de la iglesia era suficientemente malo, pensaba el apóstol, sin que los creyentes trajeran hijos al mundo solo para alimentar a los leones.

Pero la persecución en Corinto fue relativamente breve. Hablando generalmente, los padres cristianos no debían tener miedo de tener hijos, ya que los hijos son una bendición para sus padres. El salmo 127:5 dice: *Bienaventurado el hombre que llenó su aljaba de ellos*. El don de los hijos es también fundamental para el pacto de Dios con Abraham (Gn 15:5), que muestra que el Señor utiliza la procreación ordinaria para promover el pacto de gracia.

Junto con el dolor de la concepción, la mujer tendría el deseo y el anhelo antinatural de su marido. Esto se manifiesta de dos maneras: algunas mujeres se aferran a sus maridos, incluso cuando sus maridos son abusivos para con ellas y con sus hijos, y otras quieren dominar y controlar a sus maridos. Los maridos recíprocamente también descuidan a sus familias o se vuelven tiranos o débiles. Todo esto es contrario al propósito expreso del matrimonio.

Aunque la maldición introdujo un cambio en la forma en que hombres y mujeres se relacionan entre sí en el matrimonio, el pacto marital todavía es una bendición para aquellos que lo contraen. Este pacto ilustra la relación entre Cristo y su iglesia. En el capítulo quinto de Efesios Pablo escribió: *porque el marido es cabeza de la mujer, así como Cristo es cabeza de la iglesia, la cual es su cuerpo, y él es su Salvador. Así que, como la iglesia está sujeta a Cristo, así también las casadas lo estén a sus maridos en todo* (vv. 23-24). De este modo, aún en nuestro mundo caído tenemos una bella imagen de la reconciliación de los creyentes con Jesucristo.

Sudor y trabajo
La palabra de Dios a Adán, el tercer ofensor, es resumida en el versículo 19 de Génesis 3: *Con el sudor de tu rostro comerás el pan hasta que vuelvas a la tierra, porque de ella fuiste tomado; pues polvo eres, y al polvo volverás.*

El hecho de que el hombre tuviera que trabajar después de la caída no era nuevo. Desde el momento de su creación, le fue dada la responsabilidad de señorear sobre la parte no humana de la creación como vice-regente de Dios (Gn 1:26-28). Tenía que labrar la tierra (Gn 2:15). «En cambio, la maldición del hombre reside en la exigencia excesiva de trabajo para el fruto producido».[76] Es decir, la proporción del trabajo invertido para el beneficio recibido se incrementó drásticamente como resultado del pecado del hombre. La creación, que una vez fue amiga del hombre, había comenzado a luchar contra él. En consecuencia, el hombre viviría sus días en trabajos forzados sabiendo que algún día moriría. Su propio trabajo no podría salvarlo.

Sin embargo, había gracia incluso en esto. Dios le había dicho a Adán que moriría el día en que comiera del fruto prohibido (Gn 2:17). ¿Cumplió Dios su Palabra? Sí, Adán murió *espiritualmente* en el mismo momento que escogió rebelarse contra Dios. Pero no murió *físicamente*. El Señor tenía todo el derecho de tomar su vida. Podría haberlo derribado con un ataque cardiaco o haber hecho que el árbol del conocimiento cayera sobre él. Podía haber hecho el trabajo del hombre completamente improductivo, de forma que eventualmente muriera de hambre. Pero, en vez de eso, Dios le prometió que comería pan, es decir, garantizó la continuación de la raza humana. «La adecuada provisión de comida mantendrá al hombre, para que se pueda realizar el propósito de Dios de redimir un pueblo para sí».[77] Sin comida no habría simiente de la mujer, ni derrota de la serpiente ni salvación.

---

[76] Robertson, 105.
[77] Robertson, 105.

Con la promesa de la simiente de la mujer y la preservación de Dios del hombre sobre la tierra, el Señor comenzó a restaurar la creación original. Esta vez la establecería de una forma mucho más gloriosa de lo que había existido antes.

A menudo solo vemos maldiciones cuando leemos este primer anuncio del evangelio en Génesis 3. No pasemos por alto sus bendiciones. El Señor no tenía que lanzar una guerra contra Satanás en nuestro nombre. Nada aparte de su propia voluntad soberana le requería que preservara a la humanidad hasta que el Salvador llegara. Pero esta condescendencia de parte de Dios es sobre lo que trata el pacto. Es el pacto de la gracia eterna de Dios.

Capítulo 6
Preservación de la Simiente

╬

Los capítulos cuatro y cinco de Génesis narran lo que hemos llamado «la guerra entre las simientes», lo cual fue evidente en la primera generación de hijos nacidos a Adán y Eva. Caín, que era la simiente del maligno, se levantó contra su hermano justo Abel, la simiente de la mujer, y lo mató. Aunque Dios había dicho que la simiente de la mujer infligiría un golpe fatal a la simiente de la serpiente, aquí tenemos lo opuesto. ¿Qué había pasado con la promesa de Dios? Ciertamente, Eva debió haberse preguntado cuál simiente realmente ganaría.

De manera interesante, el Señor decidió no ejecutar a Caín por el asesinato de su hermano. La pena capital para los asesinos vendría después del diluvio (Gn 9:5-6). Pero Caín, quién vivió antes del diluvio, creía que iba a morir. Dijo: *cualquiera que me encuentre me matará* (Gn 4:14). Para prevenir eso, Dios puso una marca sobre él para protegerlo. ¿Fue este un acto de misericordia de parte de Dios? ¿Le dio a Caín una segunda oportunidad de probarse a sí mismo? No, aquí no hubo misericordia en lo absoluto. Dios dejó vivir a Caín por una razón: perpetuar la guerra entre las simientes. La simiente de la mujer y la simiente de la serpiente deben coexistir hasta que la simiente de la mujer destruya al diablo.

Adán y Eva querían que la guerra continuara tanto como lo quería el Señor. Después de la muerte de Abel: *conoció de nuevo Adán a su mujer, la cual dio a luz un hijo, y llamó su nombre Set*, que significa «compensación». Adán y Eva creyeron que Dios les había dado una compensación por la pérdida de Abel. Nótese que Eva dijo: *Porque Dios... me ha sustituido otro hijo en lugar de Abel, a quien mató Caín*.

De esta forma, ambas partes estaban listas para avanzar de nuevo. El Señor preservó a Caín y reemplazó a Abel. Desde aquel tiempo, sus líneas se desarrollaron de forma diferente. Los hijos de Caín construyeron ciudades, domesticaron ganado e hicieron instrumentos musicales, herramientas y armas. Tuvieron muchos logros «mundanos», que no dudaron en utilizar para hacer avanzar el reino del mal.

La familia de Set, por otro lado, demostró ser más devota. Después del nacimiento de Enós, los hombres comenzaron a invocar el nombre del Señor (Gn 4:25-26). Y la mayoría de los descendientes de Set solo son identificados por nombre y edad. Las dos excepciones a esto son Enoc, quién caminó con Dios y fue trasladado sin ver la muerte (Gn 5:24; Heb 11:5), y Noé, *que halló gracia ante los ojos de Jehová* (Gn 6:8).

El punto aquí no es que los hijos de Set «hicieran grandes progresos en el conocimiento y servicio de Dios, sino más bien que se guardaron relativamente libres de la degeneración de los cainitas».[78]

El Diluvio

Cuando llegó el tiempo de Noé, parecía que Satanás tenía la ventaja de nuevo y estaba ganando. Génesis 6:2 dice que: *viendo los hijos de Dios que las hijas de los hombres eran hermosas, tomaron para sí mujeres, escogiendo entre todas.* Esta mezcla de los hijos de Dios y las hijas de los hombres fue, según el versículo siguiente, la razón por la que Dios prometió destruir a la humanidad en el diluvio. Pero ¿qué estaba mal con estos matrimonios? ¿Por qué los condenó Dios?

Se han propuesto muchas respuestas a esto con el pasar de los años. La más común se basa en Job 1:6, donde la frase *hijos de Dios* parece designar ángeles. Según esta interpretación, los ángeles caídos tuvieron relaciones sexuales con las mujeres humanas.

No obstante, esta interpretación tiene dos serios problemas. Uno es que, según Mateo 22:30, los ángeles *ni se casan ni se dan en casamiento*. De esta forma, la mezcla de ángeles y hombres mediante relaciones sexuales es improbable, si no imposible. Aún más significativamente, este punto de vista viola el propósito de la narrativa, que es describir el alcance de la depravación humana cuando se deja a sí misma. La introducción de ángeles en el relato obscurece esto, haciendo que parezca que el pecado del hombre venga de fuera de él en vez de ser el producto de su propio corazón. Por estas razones, Calvino rechaza este

---

[78] Vos, 46.

punto de vista con una frase: «Esa antigua invención, concerniente a la relación sexual de los ángeles con las mujeres, es refutada abundantemente por su propio disparate».[79]

Otros dicen que los hijos de Dios fueron los grandes gobernantes y príncipes de su tiempo. Es un hecho bien establecido que las culturas paganas después del diluvio a menudo llamaban a sus gobernantes «hijos de Dios». Quizá también esta fue una práctica antediluviana. Las hijas de los hombres, según este punto de vista, fueron ciudadanos ordinarios, plebeyos, por decirlo así.

La principal dificultad con este punto de vista es que es totalmente irrelevante, ya que el Señor nunca había prohibido matrimonios entre miembros de diferentes clases sociales. De este modo, este punto de vista simplemente no puede explicar la extrema ira de Dios. De hecho, si Dios había castigado a todo el mundo por llevar a cabo una conducta que jamás había prohibido, se habría convertido en el archi tirano de la historia.

La tercera interpretación del versículo 2 es más consistente con el texto. Dice que los hijos de Dios fueron los descendientes de Set, y las hijas de los hombres fueron los descendientes de Caín. Durante mucho tiempo, las líneas familiares de Caín y Set habían permanecido diferenciadas, lo cual protegió a la familia de Set de la corrupción de los cainitas. Pero en algún momento antes de Noé, las dos líneas comenzaron a fusionarse. No era ya muy claro quién estaba de qué lado. Entonces ¿qué efecto tendría esto en la

---

[79] Calvino, *Commentaries*, 1:238

guerra entre las simientes? ¿Seguiría la descendencia de estos matrimonios mixtos la piedad de la línea de Set o el pecado de Caín? ¿Qué lado escogerían en la guerra cósmica? La respuesta viene en el versículo 4: *Había gigantes en la tierra en aquellos días, y también después que se llegaron los hijos de Dios a las hijas de los hombres, y les engendraron hijos. Estos fueron los valientes que desde la antigüedad fueron varones de renombre.* Los «gigantes» mencionados aquí fueron un pueblo opresivo, teniendo tanto los rasgos intelectuales de Set como los avances tecnológicos de Caín. Se volvieron hombres poderosos de renombre, es decir, hombres con una reputación de maldad extrema. El desdibujamiento de las líneas resultó en una gran maldad.

¿Cómo sabemos esto? Según el mismo versículo siguiente, el resultado de los matrimonios mixtos entre los hijos de Dios y las hijas de los hombres produjo un incremento significativo del mal: *Y vio Jehová que la maldad de los hombres era mucha en la tierra, y que todo designio de los pensamientos del corazón de ellos era de continuo solamente el mal* (Gn 6:5). Toda imaginación del corazón del hombre se había vuelto corrupta. Se había vuelto una fuente de iniquidad, rebosante de pecado ininterrumpido.

Noé y su familia
Para traer un fin a este reino de terror, Dios envió un diluvio para destruir toda cosa viviente. Solo un hombre, Noé, y su familia se salvaron.

El Señor no solo fue misericordioso con Noé, sino también con sus padres, ya que para destruir la tierra esperó que todo verdadero creyente de la línea de Set hubiera muerto.

Lamec, el padre de Noé, murió cinco años antes del diluvio. Su abuelo Matusalén murió el mismo año que vino el diluvio.

El Señor mostró gran misericordia a los hijos de Noé también. Génesis 7:1 dice: *Dijo luego Jehová a Noé: Entra tú y toda tu casa en el arca; porque a ti [singular] he visto justo delante de mí en esta generación* (ver también 6:18; 7:7, 13, 23; 8:16, 18; 9:9, 12). Toda la familia fue salvada del diluvio porque Noé, el jefe de familia, era justo.[80]

Pero ¿qué sabemos sobre Noé? Para empezar, su padre lo llamó Noé, diciendo: *Este nos aliviará de nuestras obras y del trabajo de nuestras manos, a causa de la tierra que Jehová maldijo* (Gn 5:29). De esto parece que Lamec esperaba que Noé ayudara a aliviar la maldición sobre la tierra. E hizo justo eso. Como *pregonero de justicia* (2 P 2:5), «exhortó a los hombres de su tiempo a una vida santa… para escapar de la ira de Dios, que pendía sobre ellos, pero también predicó la justicia del mesías»[81] para que pudieran ser verdaderamente aceptables delante de Dios. Incluso las aguas del diluvio tenían un efecto purificador sobre la tierra, lavando toda traza de pecado que había existido antes. La tierra después del diluvio volvió a ser nueva. Fue como unos nuevos cielos y nueva tierra.

Esta perspectiva arroja luz sobre 1 P 3:19-21. Pedro escribió: *en el cual también fue y predicó a los espíritus encarcelados, los que en otro tiempo desobedecieron,*[82] cuando

---

[80] Robertson, 113-114.
[81] Witsio, 2:132.
[82] La primera parte de esta oración suele ser el centro de la discusión. Aquí asumiré que Jesús fue el que predicó y que proclamó su mensaje de advertencia a través de Noé.

una vez esperaba la paciencia de Dios en los días de Noé, mientras se preparaba el arca, en la cual pocas personas, es decir, ocho, fueron salvadas por agua. El bautismo que corresponde a esto ahora nos salva (no quitando las inmundicias de la carne, sino como la aspiración de una buena conciencia hacia Dios) por la resurrección de Jesucristo.

Dos puntos merecen un énfasis especial aquí. Primero, el final del versículo 20 dice que *ocho almas fueron salvadas por agua*. Pero la preposición *por* parece que no se ajusta al relato. Tendemos a pensar que el agua del diluvio fue mala, y que Noé fue salvado *de* ella por el arca. Pero Pedro dice que Noé fue salvado *por* el agua. ¿Cómo puede ser esto? Hanko dice: «su salvación consistió en su liberación del mundo malvado y corrupto que fue destruido por agua».[83] De esta forma, el arca no salvó a Noé de ahogarse, más bien, el diluvio lo salvó de la influencia destructiva creciente de la cultura impía de su tiempo.

Segundo, Pedro comparó el diluvio con el bautismo cristiano. Hay una obvia similitud formal, ya que ambos usan agua. El diluvio lavó el pecado del mundo antiguo y ofreció a Noé un ambiente completamente nuevo en el cual servir a Dios. Noé había *caminado con Dios* antes del diluvio (Gn 6:9). Asimismo, el agua del bautismo simboliza el hecho de que nuestros pecados han sido lavados por la sangre de Jesucristo. Por el bautismo, los creyentes reciben la promesa de innumerables bendiciones si abrazamos

---

Aquellos a quienes predicó eran incrédulos en los días de Noé que estaban bajo sentencia de muerte mientras esperaban el derramamiento de la ira de Dios en las aguas del diluvio.
[83] Hanko, 60.

la satisfacción de Cristo con una fe viva. Nos convertimos en nuevas criaturas en Él (2 Co 5:17).

El pacto de Dios con Noé

La primera mención del pacto de Dios con Noé aparece en Génesis 6:18. De hecho, este es la primera vez que aparece la palabra *pacto* en cualquier lugar de la Biblia. Ahí Dios prometió establecer un pacto con Noé en el futuro.

Ese pacto vino después del diluvio en Génesis 9:9-17. Tal como el diluvio fue universal, así también fue el pacto de Dios. Abarcó a toda la creación. Dios dijo: *He aquí que yo establezco mi pacto con vosotros, y con vuestros descendientes después de vosotros; y con todo ser viviente que está con vosotros... y no exterminaré ya más toda carne con aguas de diluvio, ni habrá más diluvio para destruir la tierra... Mi arco he puesto en las nubes, el cual será por señal del pacto entre mí y la tierra... Y me acordaré del pacto mío, que hay entre mí y vosotros y todo ser viviente de toda carne; y no habrá más diluvio de aguas para destruir toda carne. Estará el arco en las nubes, y lo veré, y me acordaré del pacto perpetuo entre Dios y todo ser viviente, con toda carne que hay sobre la tierra... Esta es la señal del pacto que he establecido entre mí y toda carne que está sobre la tierra.*

Una de las características más interesantes de este pacto es su énfasis en la creación. Satanás quiso el mundo para sí mismo. Primero pensó que podía conseguirlo por la desobediencia de Adán y Eva. Cuando fracasó, trató de seducir a sus seguidores a través de los matrimonios mixtos de las familias de Set y Caín. Pero en el pacto con Noé, el Señor reclamó al mundo y a la humanidad para sí mismo.

El diluvio había demostrado que el demonio y sus aliados jamás podrían ganar. Según Hanko: «la creación presente, incluso aunque ahora está bajo maldición por la caída de Adán, su cabeza, debe ser de Dios y será de Dios».[84] Por más que lo intente, Satanás no puede ni tendrá dominio sobre todas las cosas.

Pero esto no es todo. El pacto con la creación también enfatiza la relación cercana entre la responsabilidad natural del hombre como criatura de Dios y su especial responsabilidad en el estado de gracia. Robertson explica:

> La repetición explícita de estos mandatos creacionales en el contexto del pacto de [gracia] expande las perspectivas de los horizontes de redención. El hombre redimido no debe internalizar su salvación, de modo que razone estrechamente en términos de una liberación que «salve el alma». Al contrario, la redención involucra su completo estilo de vida como una criatura social y cultural. En vez de retirarse estrechamente a una forma restringida de existencia espiritual, el hombre redimido debe salir con una perspectiva total del mundo y de la vida.[85]

En todo, por lo tanto, el hombre pertenece a su hacedor.

Además, el pacto con Noé destaca la preservación de la simiente. Vemos esto en la relación con los vegetales y con el hombre, por ejemplo, en el octavo capítulo de Génesis. El Señor preservó la simiente del hombre para perpetuar la guerra entre las simientes, y preservó la simiente de los vegetales para que el hombre pudiera vivir sobre la tierra. El registro bíblico dice: *Y percibió Jehová olor grato; y dijo Jehová en su corazón: No volveré más a maldecir la*

---

[84] Hanko, 64.
[85] Robertson, 110.

tierra por causa del hombre; porque el intento del corazón del hombre es malo desde su juventud; ni volveré más a destruir todo ser viviente, como he hecho. Mientras la tierra permanezca, no cesarán la sementera y la siega, el frío y el calor, el verano y el invierno, y el día y la noche (vv. 21-22).

Pero lo que Dios dijo a Noé parece no tener sentido. ¿Cómo puede, el hecho de que el hombre todavía sea malvado, ser la razón por la cual Dios prometió no maldecir la tierra de nuevo? En todo caso, parecería que la maldición de Dios debería imponerse incluso con más rigor. Pero tenemos que reconocer aquí que «Dios entiende que el problema del pecado jamás será remediado mediante el juicio y la maldición».[86] El Señor quería que la tierra continuara para que, en la plenitud del tiempo, la simiente de la mujer aplastara la cabeza de la serpiente.

Nótese cómo continúa esto en el capítulo 9. En el versículo 1: *Bendijo Dios a Noé y a sus hijos, y les dijo: Fructificad y multiplicaos, y llenad la tierra*. Aquí el Señor explícitamente mandó a los hombres reproducirse, sin embargo, los términos de la existencia del hombre habían cambiado. Primero, Dios hizo que los animales temieran al hombre, de modo que fueran menos propensos a atacarlo (v. 2). Segundo, entregó los animales al hombre como comida (v. 3). No existe indicación antes de esto de que el hombre comiera otra cosa sino solamente hierbas (Gn 1:29), pero después se le permitió también comer carne de animales. En ese sentido, su dominio sobre el mundo animal fue mayor después del diluvio que antes. La única restricción a

---

[86] Robertson, 114.

esto fue la prohibición contra el comer sangre, que es la vida de la carne (v. 4). Tercero, Dios instituyó un sistema de pena capital para ser administrado por los hombres contra todo hombre o bestia que tomara una vida humana (vv. 5-6). El Señor protegió al hombre porque todo hombre, incluso el más depravado, lleva la imagen del hacedor.[87]

El principal punto del pacto con Noé es la preservación de una simiente piadosa. Los hijos de Caín habían influido más en los de Set de lo que los de Set habían influenciado a los de Caín. Ya que la simiente piadosa se había corrompido, Dios mismo intervino para arreglar las cosas. Pero el juicio solamente no era la respuesta. Incluso en un mundo purificado después del diluvio, un mundo que tipificaba los nuevos cielos y la nueva tierra, el pecado se reanudó rápidamente.

¿Esto significa, entonces, que el diluvio no sirvió al propósito del plan de Dios? Por supuesto que no. Más que cualquier otra cosa, ofreció a los creyentes de aquel tiempo un adelanto de lo que vendría. El arcoíris, que se extendía a través de la creación, simbolizó la promesa de Dios de conservar su soberanía en la guerra entre las simientes hasta que la simiente de la mujer asegurara la completa liberación de su pueblo de todos los efectos del pecado.

En una palabra, el pacto con Noé preparó al mundo para la venida de Jesucristo.

---

[87] Robertson dice: «La preservación de la humanidad no se declara explícitamente como la razón de este requisito. La razón es más profunda. Porque la propia imagen de Dios está estampada en el hombre, el asesino debe morir» (115). Seguramente esto es cierto. Sin embargo, el hecho de que la imagen de Dios esté estampada en el hombre sugiere que Dios tiene un propósito mayor para él que para la creación bruta. Para que este propósito se realizara, el hombre tenía que ser preservado.

Capítulo 7
El Pacto Abrahámico

Ya El Señor jamás quiso que el diluvio remediara el pecado. Su propósito no fue terminar la guerra entre las simientes. Al contrario, Dios envió el diluvio para garantizar que la guerra continuara. Al lavar los efectos del pecado, Dios, en efecto, dio a Noé un nuevo mundo en el cual servirle, y prometió preservar ese mundo hasta que sus propósitos pudieran cumplirse.

Sin embargo, algún tiempo después del diluvio, Noé se embriagó con el vino de su viña,[88] y su segundo hijo Cam descubrió su desnudez. Ya que la conducta de Cam fue extremadamente malvada, Noé maldijo a su hijo Canaán, declarando que sería esclavo de sus hermanos. Esto fue ampliamente cumplido cuando los judíos conquistaron Palestina bajo Josué, y forzaron a muchos cananeos a una esclavitud lamentable (Gn 9:20-27).

De este modo, vemos la guerra en acción nuevamente. Esta vez aparece en la familia de Noé.

---

[88] A veces los prohibicionistas argumentan que la fermentación no comenzó hasta después del diluvio. Noé no se dio cuenta de esto e inocentemente consumió el primer alcohol. Pero esto supone que Dios colocó una maldición adicional sobre el suelo después del diluvio, lo que expresamente dijo que no haría (Gn 8:21). El punto de esta historia no es que una sustancia maligna apareció repentinamente y molestó a la familia de Noé, sino que el pecado reapareció y no había sido totalmente erradicado por el diluvio. Ese pecado estaba en el corazón del hombre, no en su jarra.

La simiente de Noé

En cuanto los hijos de Noé comenzaron a poblar la tierra, Nimrod (un nieto de Cam) se volvió especialmente notorio. Incluso tenía reputación. Según Génesis 10:9, *Este fue vigoroso cazador delante de Jehová; por lo cual se dice: Así como Nimrod, vigoroso cazador delante de Jehová*. Más de un erudito ha notado no solo que el nombre de Nimrod significa «rebelde», sino también que lo más probable es que su presa fuera el Señor o el pueblo del Señor. Esto se basa en parte en el hecho de que el hebreo de la frase citada antes literalmente dice que Nimrod era un «vigoroso cazador *delante* (לִפְנֵי) de Jehová». En cualquier caso, fundó numerosas ciudades, y de él provino el antiguo imperio babilónico.

La guerra del hombre contra el Señor continuó en Génesis 11. Los hombres de Babel agitaron sus puños delante del rostro del Señor al construir una torre/templo con forma de pirámide para rivalizar con la verdadera adoración a Jehová. Su zigurat se supone sería el más grande y magnífico de su tipo. Solo su dedicación habría requerido innumerables víctimas sacrificiales, muchas de las cuales habrían sido humanas. Para contener su pecado, el Señor confundió su idioma para que no pudieran comunicarse entre sí.

Pero ¿dónde estaba la línea de Sem cuando la de Cam quedó atrapada en esta espiral descendiente como la de Caín? Recordemos que Sem fue el hijo a quién Noé había bendecido (Gn 9:26). Al menos temporalmente, había sido hecho el guardián del nombre y la adoración de Dios. De hecho, la palabra *semita*, se deriva de su nombre. Su nieto fue Eber, de quien obtenemos la palabra *hebreo*. Eventualmente, Abraham nació de esta familia.

Basados en esto, podríamos asumir que Sem había sido el padre de una familia muy devota, pero ese no era el caso en lo absoluto. Los semitas fueron idólatras. Incluso Abraham, el padre de los judíos, adoró falsos dioses antes de que el Señor se le revelara (Jos 24:2).

¿Podría ser que la situación después del diluvio fuera peor de lo que había sido? Después del diluvio, al menos una parte de la familia de Set permaneció fiel al Señor, pero después uno se pregunta si alguien sobre la faz de la tierra tenía una preocupación real por la justicia.

¿Cómo lidió el Señor con esto? En vez de destruir a la humanidad con otra catástrofe mundial, escogió separar una familia de todo el resto y utilizar a esa familia para bendecir al mundo. El hombre que escogió para esta tarea fue Abraham.[89]

¿Padre Abraham?

La Palabra de Dios a Abraham fue muy simple: *Vete de tu tierra y de tu parentela, y de la casa de tu padre, a la tierra que te mostraré. Y haré de ti una nación grande, y te bendeciré, y engrandeceré tu nombre, y serás bendición. Bendeciré a los que te bendijeren, y a los que te maldijeren*

---

[89] McComiskey sostiene que la promesa de Génesis 12 existía antes del establecimiento formal del pacto en Génesis 15. Sin embargo, no la vincula explícitamente a la historia de la revelación del pacto que condujo a Abraham, todo lo cual se basó en la promesa de Dios de proporcionar un redentor de la simiente de la mujer. Véase Thomas Edward McComiskey, *The Covenants of Promise: A Theology of the Old Testament Covenants* (Grand Rapids: Baker, 1989), 59–60.

maldeciré; y serán benditas en ti todas las familias de la tierra (Gn 12:1-3).

¿Había hecho Abraham algo para merecer el trato especial de Dios? Por supuesto que no. Como hemos visto, era un idólatra de una familia de idólatras. Tampoco conocía ni amaba a su Creador. El hecho de que Dios lo escogiera solo se puede atribuir a la gracia y la misericordia.

Antes de continuar, observemos también cuán cuidadosamente el Señor arregló todos los detalles de la vida de Abraham. Primero, ordenó a Abraham dejar a su familia. Esto fue sin duda tan difícil para él como hubiera sido para cualquiera de nosotros, pero tuvo un propósito. Si Abraham iba a servir al señor con todo su corazón, tenía que aprender desde el principio que su familia debía tener el segundo lugar en sus afectos.[90] Jesús dijo, *El que ama a padre o madre más que a mí, no es digno de mí; el que ama a hijo o hija más que a mí, no es digno de mí* (Mt 10:37). Al establecer correctamente sus prioridades, la influencia impía de sus parientes se cortaría. En segundo lugar, Dios también prometió hacer de Abraham una gran nación. Multitudes de descendientes saldrían de sus lomos. Entonces, cualquier cosa que pudiera perder al dejar a sus parientes sería más que abundantemente compensado en su propia familia. Y tercero, el Señor le aseguró a Abraham que por medio de él *todas las familias de la tierra serían bendecidas*.

---

[90] Curiosamente, Abraham no dejó a toda su familia, sino que se llevó a Lot, su sobrino, con él. Puede ser que Lot tuviera la fe de su tío y, por lo tanto, Abraham asumió que lo alentaría. Si es así, quizá Abraham cumplió con el espíritu del mandamiento. Pero esto no es seguro de ninguna manera. De hecho, Lot fue más un problema que una ayuda a veces, lo que puede indicar que Dios no estaba feliz cuando Abraham lo llevó consigo. Los comentaristas dicen muy poco sobre esto.

Excepto por el hecho de que Abraham vino de la línea de Sem, era el candidato más improbable para iniciar una nueva sociedad. ¿Por qué diríamos esto? No porque Abraham adorara ídolos, ya que así lo hacía toda su familia y casi todos los demás. No, es porque no tenía hijos. Podría dejar a su padre y parientes, pero sin hijo ¿cómo podría convertirse en una gran nación o volverse una bendición para todas las familias de la tierra? Pero ese es exactamente el punto, ¿o no? Dios prometió hacer de su siervo lo que quería que fuera.

Luego llegamos al capítulo 15. Cuanto tiempo había pasado entre los capítulos 12 y 15 no se sabe. Pero una vez más, el Señor se acercó a Abraham y lo saludó con estas palabras: *No temas, Abram; yo soy tu escudo, y tu galardón será sobremanera grande* (v. 1). Como su escudo, el Señor prometió proteger a Abraham de todo lo que de otra manera podría haber obstaculizado el cumplimiento de sus promesas. Pero eso no es todo. Dios también le aseguro que Él sería *su gran recompensa*, una recompensa que hace que otras recompensas palidezcan en comparación. ¿Cómo podría compararse cualquier otra recompensa con tener al Dios soberano del universo como protector y amigo?

Nótese que Dios no le dijo a Abraham: «te daré un escudo y una gran recompensa». Dijo, *Yo soy tu escudo, y tu gran recompensa*. El escudo y la recompensa no fueron cosas que Dios *daría* a Abraham, eran lo que Dios *era* para él. Al prometer ser su escudo y recompensa, el Señor atrajo a Abraham a una intimidad de compañerismo tal como jamás podría haber imaginado. Eso por sí solo garantizaba un completo derramamiento de la bendición de Dios sobre su siervo.

Aunque Abraham creyó a Dios, todavía no entendía todo lo que Dios quería decir. Según el versículo 2, tan pronto como el Señor terminó de hablar dijo: *Señor Jehová, ¿qué me darás, siendo así que ando sin hijo, y el mayordomo de mi casa es ese damasceno Eliezer?*

Este incidente nos da un pequeño vistazo a la cultura de ese tiempo. Un hombre sin hijos propios podía señalar a uno de sus siervos como su heredero legal. Pensando que esto podría ser necesario, Abraham ya había escogido a su siervo principal Eliezer para ocupar esa función. Creyó que Dios cumpliría sus promesas, pero asumió que sería a través de un siervo en vez de su propia descendencia. Luego le pidió a Dios que así lo hiciera.

La respuesta del Señor en el versículo 4 muestra que Abraham todavía no entendía el completo significado de la promesa: *No te heredará éste, sino un hijo tuyo será el que te heredará.* De este modo, Eliezer era inaceptable, no porque fuera un mal hombre, sino porque no era el fruto del cuerpo de Abraham. Por improbable que pareciera, el anciano Abraham produciría un hijo propio. De hecho, Dios prometió que su simiente sería tan innumerable como las estrellas del cielo.

Cuando Abraham escuchó la Palabra del Señor, respondió inmediatamente con fe. El versículo 6 dice que Abraham *creyó a Jehová, y le fue contado por justicia* (v. 6). Ahora, indudablemente, Abraham había creído a Dios antes de esto. ¿Por qué más habría dejado Ur de los caldeos y toda su familia? Pero, como el resto de nosotros, Abraham había aprendido a confiar en Dios poco a poco. Witsio observa que el objeto de la fe de Abraham aquí es «las promesas de la bendición celestial y eterna, del nacimiento de un hijo de su esposa estéril, de la multiplicación de su simiente, tanto la espiritual como la carnal, del llamamiento de los gentiles, etc. Pero más especialmente, creyó esa promesa, por la cual Dios se comprometió a ser 'su escudo y su galardón sobremanera grande', Gn 15:1».[91]

La vigorosa fe de Abraham en las promesas de Dios demostró que ya se había aferrado a la justicia de su simiente prometida, Jesucristo. No fue que el Señor aceptó su fe como un substituto de la obediencia. Eso nunca podría ser ya que la ley dice: *Maldito todo aquel que no permaneciere en todas las cosas escritas en el libro de la ley, para hacerlas* (Gal 3:10; cf. Dt 27:26). Más bien, la fe de Abraham era el instrumento por el cual se apoderó de una justicia que no era suya.

Debido a que Abraham creyó, el Señor le prometió algo nuevo en el versículo 7: la tierra de Canaán. Pero esto nos lleva de regreso a nuestro problema original. Sin hijos, ¿a quién le daría Abraham la tierra? ¿Qué bien era una herencia sin herederos?

El Juramento del Pacto de Dios

Abraham entendió el problema. Dijo: *Señor Jehová, ¿en qué conoceré que la he de heredar?* (v.8).

---

[91] Witsio, 2: 151. La inclusión de Sara como la madre del niño es prematura, como veremos en el próximo capítulo.

La petición de Abraham a Dios de que confirmara su Palabra no fue una respuesta de incredulidad. Nada en el contexto sugiere eso. Más bien, como escribió Calvino, el apego de Abraham a la Palabra de Dios le hizo más fácil «descargar sus preocupaciones en el seno de Dios». Esto, dice, es más «una prueba de fe, que un signo de incredulidad».[92]

Lo que sucede a continuación muestra que Dios honró la pregunta de Abraham como un acto de fe. Le ordenó sacrificar cinco animales (una novilla de tres años, una cabra de tres años, un carnero de tres años, una tórtola y un pichón) dividiendo los animales más grandes por la mitad y poniendo sus partes opuestas entre sí, dejando las aves enteras. Luego, cuando el sol se estaba poniendo, Dios hizo que su siervo cayera en un sueño profundo. Según el versículo 17, un horno humeante y una lámpara encendida, que representan la presencia de Dios, pasaron entre las piezas divididas del sacrificio de Abraham.

Robertson explica este evento aparentemente peculiar como sigue:

> Al dividir los animales y pasar entre las piezas, los participantes en un pacto se comprometían a vivir o morir. Estas acciones establecían un juramento de auto-maldición. Si rompían el compromiso en el pacto, estaban pidiendo que sus propios cuerpos se partieran en partes tal como los animales habían sido divididos ceremonialmente.[93]

Luego agrega que esto era una forma común de hacer (o «cortar») un pacto en el mundo antiguo.

---

[92] Calvino, *Commentaries*, 1:411.
[93] Robertson, 130.

Al hablar específicamente del Señor caminando entre las partes del sacrificio de Abraham, John Murray nota que este acto fue:

> La solemne sanción por la cual el Señor confirmó a Abraham la certeza de la promesa de que heredaría la tierra de Canaán. Es quizá la sanción más sorprendente que tenemos en toda la Escritura, particularmente si la interpretamos como un juramento de auto-maldición en el cual, antropomórficamente, Dios invocaba sobre Él mismo la maldición del desmembramiento si no cumplía a Abraham la promesa de poseer la tierra.[94]

Es crucial notar que el Señor caminó entre las piezas del sacrificio, y no Abraham. Dios se obligó a morir para satisfacer los términos del pacto. De alguna manera maravillosa, el Dios todopoderoso haría lo que dijo que la simiente de la mujer haría. Este es un papel que Abraham jamás podría haber cumplido. De hecho, el Señor ni siquiera le dio una oportunidad. Lo puso en un profundo sueño.

Pero ¿cuál es? ¿Sufriría la simiente de la mujer una herida temporal antes de destruir a la serpiente, o moriría Jehová mismo por los violadores del pacto? La respuesta es ambas. Una persona, el Señor Jesucristo, es tanto la simiente de la mujer como el Dios del pacto. La promesa de muerte del Señor fue cumplida cuando Jesús sufrió y murió por los pecados de su pueblo.

Aunque solo Jesús murió en la cruz, la Trinidad completa cooperó para hacer su obra efectiva. El pacto de redención

---

[94] Murray, 16.

–el pacto eterno entre los miembros de la Trinidad para asegurar la redención del hombre caído– garantizó la completa cooperación del Padre, el Hijo y el Espíritu Santo. Pedro identificó la obra de los miembros individuales de la Trinidad cuando dijo que somos *elegidos según la presciencia de Dios Padre en santificación del Espíritu, para obedecer y ser rociados con la sangre de Jesucristo* (1 P 1:2).

La imagen de Dios mismo caminando por en medio del sacrificio de Abraham enfatiza de nuevo que Dios unilateralmente estableció el paco de gracia con el hombre. Tanto Murray como Hanko insisten en que se entienda de esta manera.[95] Una confirmación adicional de que solo Dios establece los términos del pacto puede encontrarse en la revelación dada a Abraham en los versículos 13 hasta el 21. Dios dice lo que hará por su siervo. Luego, para no dejar absolutamente duda, el versículo 18 dice que *En aquel día hizo Jehová un pacto con Abraham*, no que Abraham hizo un pacto con Dios.

¡Qué pensamiento verdaderamente inspirador es que el Dios trino se comprometió a sí mismo por nosotros en un pacto de vida y muerte, incluso tomando sobre sí mismo un juramento de auto-maldición por nuestro pecado! Violamos el pacto. Pecamos. Caímos. Pero el Dios trino emprendió nuestra salvación por nosotros, con la segunda persona de la Trinidad muriendo en nuestro lugar. ¡Que amor tan sorprendente!

---

[95] Murray, 18; Hanko, 72-73.

La totalidad de la historia de la actividad redentora de Dios revela su gracia sobreabundante. ¿Qué había hecho Adán para que mereciera ser hecho a la imagen de Dios? ¿Había ganado el derecho de ejercer dominio sobre toda la tierra? Ciertamente no. Nada sobre Adán obligó a Dios a entrar en un pacto con él. Todo lo que el Señor hizo por él fue gratis e inmerecido.

Después de todo, la gracia de Dios fue aún más evidente en sus tratos con el hombre. Aunque el pecado de Adán abrió una brecha entre Dios y él mismo, Dios le aseguró que proveería un redentor. Esta gracia continuó en la línea de Set, salvando a algunos (especialmente a Enoc, Matusalén, Lamec y Noé) de las malas influencias de Caín. La preservación del mundo en los días de Noé solo puede entenderse como una manifestación de la gracia divina. Dios habría sido perfectamente justo si hubiera destruido a toda la humanidad.

Pero cuando Dios juró dar su propia vida para satisfacer los términos del pacto al caminar por en medio del sacrificio de Abraham, vemos una gracia de un tipo hasta ahora desconocido. ¡La promesa de una simiente para Abraham fue tan importante que Dios juró su venida comprometiéndose en un juramento de vida y muerte!

Ciertamente, el pacto con Abraham fue, de la manera más gloriosa, una proclamación del evangelio de la gracia. Como dijo Jesús: *Abraham vuestro padre se gozó de que había de ver mi día; y lo vio, y se gozó* (Jn 8:56).

Capítulo 8
Señal de la Circuncisión

╬

La Cuando el Señor habló a Abraham en Génesis 15, dejó claro sin lugar a duda que el hijo de la promesa o la simiente del pacto vendría del propio cuerpo de Abraham (v. 4). Esto fue un rechazo explícito del propósito de Abraham de enlistar a Eliezer como su heredero legal. Abraham sería no solo el padre legal del hijo, sino también su padre biológico.

Pero con la misma certeza, ni una palabra se había dicho sobre la identidad de la madre del hijo. Y ese es el problema. Aunque un hombre puede a menudo engendrar hijos bien entrados los ochenta, la habilidad de una mujer para concebir se detiene mucho antes. Abraham estaba entre los setenta y cinco y los ochenta y seis años (cf. Gn 12:4; 16:16), y Sara su esposa era solo diez años más joven (Gn 17:17). Para ella tener un hijo habría sido casi imposible. Génesis 16:1 enfatiza este mismo punto. Si había sido incapaz de concebir un hijo en la plenitud de la vida, ¿cómo podría ser posible hacerlo en edad avanzada?

Ya que el Señor no había dicho nada hasta ahora sobre la madre del hijo de Abraham, Sara sugirió que probaran otra costumbre contemporánea. En ese tiempo, una mujer estéril podía pedirle a su marido que aceptara a su sirviente como su concubina, así que cualquier hijo que la concubina pudiera producir se contarían como hijos naturales de su ama. Sara tenía una sierva así, una egipcia, cuyo nombre era Agar (Gn 16: 1).

Sin duda, Abraham y Sara pensaron que estaban ayudando a Dios.[96] Ya habían pasado diez años, y Abraham todavía no tenía ningún hijo para entonces. Algo se tenía que hacer.

Los términos del Pacto

Desde la perspectiva de Abraham, parecía que el plan de Sara funcionó. Se llegó a Agar. Concibió y dio a luz un hijo llamado Ismael. Se regocijaron, creyendo que Dios había cumplido su Palabra.

Luego pasaron trece años sin que Dios dijera una palabra a Abraham. Los últimos versículos de Génesis 16 dicen que Abraham tenía ochenta y seis cuando nació Ismael. El siguiente capítulo comienza con el Señor apareciéndole de nuevo cuando tenía noventa y nueve. Durante todo este tiempo, su suposición debe haber sido que Dios había aceptado a Ismael como el hijo prometido.

El Señor tuvo muchas razones para visitar a Abraham esta vez. Primero, quería renovar el pacto que había hecho con él anteriormente y asegurarle su continuación. Segundo, especificó sus términos y condiciones más claramente. Tercero, agregó la circuncisión como signo y sello del pacto. Y cuarto, informó a Abraham que Ismael no era el hijo prometido.

---

[96] Robertson atribuye correctamente el acuerdo de Abraham a una falta de fe. Ver Robertson, 147.

Para inculcar estas cosas en Abraham, el Señor se presentó en el versículo 1 como el *Dios todopoderoso*, es decir, el soberano fuerte y poderoso que había llamado a su siervo de Ur de los caldeos, lo había llevado a la tierra prometida, y se obligó a sí mismo a satisfacer los términos del pacto en representación del hombre. Esto es lo que Dios había hecho por Abraham en el pacto. El Señor también ordenó a Abraham: *anda delante de mí y sé perfecto*, es decir, tenía que obedecer y creer que Dios satisfaría todas sus necesidades. Esto es lo que Dios exigió de Abraham en el pacto. Para esto, Dios agregó otra promesa: *Y pondré mi pacto entre mí y ti, y te multiplicaré en gran manera*. Abraham se postró sobre su rostro con humildad, adorando la abrumadora misericordia de Dios (vv. 1-3).

Las bendiciones que Dios prometió a Abraham en este pacto fueron muchas, pero notemos que cada una de ellas presuponía que Abraham tendría una simiente propia. En el versículo 4, Dios prometió dar a Abraham una posteridad innumerable. Incluso cambió el nombre de Abraham en el versículo 5 para reflejar ese hecho. Su nombre original, Abram, quiere decir «padre exaltado», pero su nuevo nombre, Abraham, significa «padre de una gran multitud». El versículo 6 repitió la promesa de una posteridad abundante, y luego agregó que Abraham engendraría naciones y reyes.

Pero el corazón de las promesas del pacto de Dios viene en los versículos 7 y 8. En el versículo 7 el Señor se vinculó de nuevo con Abraham y sus hijos en pacto perpetuo. Dijo: *Y estableceré mi pacto entre mí y ti, y tu descendencia después de ti en sus generaciones, por pacto perpetuo, para ser tu Dios, y el de tu descendencia después de ti.* El Señor no puede dar a su pueblo nada más grande que Él mismo. Él es El Shaddai, el todo suficiente, la fuente sobreabundante de poder y bondad. Y prometió ser todo esto y más para Abraham y sus hijos para siempre. El Señor hizo un pacto con Abraham que jamás podrá ser olvidado, anulado o destruido.

Además, en el siguiente versículo el Señor prometió dar a Abraham y a su simiente la tierra de Canaán como una *posesión eterna*. Sin duda alguna, «estas cosas sobre la tierra de Canaán fueron cumplidas físicamente (porque el Señor también demostró su bondad en cuestiones relacionadas con las necesidades de la vida)», sin embargo, están claramente «declaradas con muchos términos sobre la herencia eterna, especialmente la vida en los cielos».[97]

Según el libro de Hebreos, Abraham entendió que la promesa de la tierra no era un fin en sí misma. Dice: *Conforme a la fe murieron todos éstos sin haber recibido lo prometido, sino mirándolo de lejos, y creyéndolo, y saludándolo, y confesando que eran extranjeros y peregrinos sobre la tierra. Porque los que esto dicen, claramente dan a entender que buscan una patria; pues si hubiesen estado pensando en aquella de donde salieron, ciertamente tenían tiempo de volver. Pero anhelaban una mejor, esto es, celestial; por lo cual Dios no se avergüenza de llamarse Dios de ellos; porque les ha preparado una ciudad* (Heb 11:13-16).

De esta forma, incluso la promesa de la tierra aseguró a

---

[97] McCoy, 109. Ver también la página 128.

Abraham y a sus descendientes el favor eterno de Dios hacia aquellos que abrazan el pacto de gracia. Fue una manifestación externa e invisible de su bondad.

Sacramento del Pacto

Una de las características clave de la renovación del pacto con Abraham en Génesis 17 fue la institución de la circuncisión como señal del pacto. El Señor ordenó a Abraham que se circuncidara y a todo varón de su casa, y cualquier varón que le naciera tenía que ser circuncidado al octavo día. Abraham no tenía opción más que obedecer.

Los judíos no fueron el único pueblo antiguo que practicó la circuncisión. Sin embargo, fueron los únicos que lo recibieron de Dios como una señal del pacto de gracia.[98]

En el pacto, la circuncisión tenía un significado muy específico. Simbolizó que la inmundicia del alma, a saber, el pecado, solo podía eliminarse por los medios más drásticos, tal como la inmundicia de la carne se separaba cortando el prepucio. La circuncisión fue, por lo tanto, una señal de limpieza espiritual. Moisés escribió: *Circuncidad, pues, el prepucio de vuestro corazón, y no endurezcáis más vuestra cerviz* (Dt 10:16), y Jeremías agregó: *Circuncidaos a Jehová, y quitad el prepucio de vuestro corazón, varones de Judá y moradores de Jerusalén* (Jer 4:4).

Nótese la correspondencia de la pureza significada y sellada en la circuncisión y la pureza moral requerida de Abraham en el pacto, la cual, según Génesis 17:1, no era menor a la obediencia perfecta. Dado que la perfección era

---

[98] Witsio, 2:246.

ajena tanto a Abraham como a sus descendientes, la circuncisión simbolizaba la promesa de Dios de imputarles la justicia que no era la suya. De este modo, la circuncisión no era solo una señal de la intención de Abraham de vivir en pureza moral, sino también un recordatorio constante de que Dios mismo daría a Abraham y a su simiente creyente la pureza que requería de ellos.

La circuncisión fue también una señal de sangre. Esto enfatiza la seriedad y la solemnidad del compromiso del pacto. En Génesis 15, el pacto fue inaugurado por el sacrificio de cinco animales, con el Señor caminando en medio de dichos animales para demostrar su voluntad de ser destrozado figurativamente si los términos del pacto no se cumplían. Aquí la seriedad del pacto es destacada por el hecho de que *el varón incircunciso, el que no hubiere circuncidado la carne de su prepucio, aquella persona será cortada de su pueblo.* ¿Por qué el varón incircunciso era cortado de la adoración de Dios y de la comunión del pueblo de Dios? Porque *ha violado mi pacto* (v. 14). Un niño que muere antes de su octavo día no se contempla aquí. Se trata de aquellos que desprecian la señal del pacto como si fuera vacía y sin sentido, como de aquellos que desprecian el pacto en sí mismo al ignorar la pureza que se requiere.[99] Dicha persona tenía que ser cortada del pacto porque no cortó la inmundicia de su humanidad pecaminosa como una señal de su compromiso con el Señor.

El carácter sangriento de la circuncisión también sirvió como una predicción de la obra del Señor Jesucristo. Bullinger escribió:

---

[99] Bullinger, 131.

Además, para poder transmitir este misterio [que el Dios inmutable e inmortal tomó la simiente de Abraham para ratificar el testamento] a los padres en una figura, quiso que la simiente de Abraham fuera circuncidada, significando que la verdadera simiente de Abraham, Cristo el Señor, confirmaría ese pacto por su muerte y sangre.

Jesús era la verdadera simiente (Gal 3:16) a través de quien los elegidos se volverían la simiente de Abraham (Gal 3:29). Su circuncisión valida las circuncisiones de los creyentes del Antiguo Testamento, así como los bautismos de los santos del Nuevo Testamento.

En este aspecto, es especialmente interesante que Abraham mismo tenía que circuncidarse. Aunque un hombre de tremenda fe, su corazón estaba tan contaminado como cualquier otro. Necesitaba la pureza del pacto para sí mismo. Y el hecho de que la circuncisión se aplicó al órgano de la procreación muestra que la descendencia física sola no era suficiente para hacer a alguien un verdadero descendiente de Abraham.[100] La procreación ordinaria solo puede producir pecadores. La verdadera fe no es el resultado de la sangre, la voluntad de la carne o la voluntad del hombre (Jn 1:13). Los judíos de los días de Jesús obviamente no entendieron este punto.

La responsabilidad de Abraham

Hemos enfatizado repetidamente que el cumplimiento del pacto abrahámico dependía solamente del Señor. Abraham era completamente impotente para engendrar la simiente de la promesa por sí mismo. Ciertamente no tenía

---
[100] Robertson, 150.

forma de reunir a sus hijos no nacidos en una nación (muchos menos en naciones), nombrar reyes sobre ellos o darles la tierra de Canaán. No había manera de forzar a Dios a vincularse a él en una promesa de vida o muerte. Para Abraham estas cosas eran simplemente cuestiones de promesa por parte de Dios. Dios habló y Abraham creyó.

En ningún lado esto fue más evidente que en la promesa de un hijo. En el versículo 15, el Señor le explicó a Abraham que, tal como sería el padre del hijo, Sara sería la madre. Pero Abraham objetó: *Ojalá Ismael viva delante de ti* (v. 18). Casi tan pronto como estas palabras se deslizaron de su boca, se dio cuenta qué tan tonto había sido. Cuando Dios reafirmó que Sara daría a luz al hijo prometido y que Dios establecería su pacto con él, Abraham salió y se circuncido a sí mismo y a toda su casa.

Sin duda, Abraham no comprendió por completo todo lo que estaba pasando, pero una cosa era cierta: sabía que jamás podría hacer que las promesas de Dios se cumplieran por su propio poder. Tuvo que confiar en la verdad y la precisión de la Palabra de Dios.

Esto no quiere decir que las bendiciones del pacto fueron dadas a Abraham y a su familia por su fe y obediencia. La elección soberana hizo a Abraham lo que era, y la gracia soberana le dio todo lo que necesitaba. La teología del pacto enseña que «los beneficios del pacto de gracia de Dios no dependen en última instancia de la fe y la obediencia, incluyen fe y obediencia».[101] Abraham tuvo que creer en las promesas de Dios, pero su respuesta creyente estaba

---

[101] Bierma, 38.

incluida en las bendiciones que Dios le había prometido.

Por lo tanto, a menos que Dios mismo eligiera obrar en un individuo, incluso en uno de los descendientes biológicos de Abraham, esa persona nada podía hacer para agradar al Señor. La elección de Dios de los hijos de los creyentes es tan soberana como la elección de sus padres. Pablo escribió: *No que la palabra de Dios haya fallado; porque no todos los que descienden de Israel son israelitas, ni por ser descendientes de Abraham, son todos hijos; sino: En Isaac te será llamada descendencia. Esto es: No los que son hijos según la carne son los hijos de Dios, sino que los que son hijos según la promesa son contados como descendientes* (Ro 9:6-8).

Aunque nacer en una familia creyente no garantiza la fe de cualquier hijo, tiene muchos beneficios. Por un lado, los expone al evangelio y a las oraciones del pueblo de Dios. En el Antiguo Testamento, eran los judíos los *israelitas de los cuales son la adopción, la gloria, el pacto, la promulgación de la ley, el culto y las promesas; de quienes son los patriarcas, y de los cuales, según la carne, vino Cristo, el cual es Dios sobre todas las cosas, bendito por los siglos. Amén* (Ro 9:4-5). Nótese que estos versículos vienen inmediatamente antes de los mencionados arriba.

Sin embargo, el más grande beneficio de haber nacido en una familia del pacto, de hecho, el que incluye implícitamente a todos los otros, Pablo ya lo había identificado en Romanos 3. Preguntó: *¿Qué ventaja tiene, pues, el judío? ¿o de qué aprovecha la circuncisión?* Es decir, si ambos judíos y gentiles están condenados en pecado, ¿qué diferencia hace la genealogía de una persona? La diferencia, escribió Pablo, es gigantesca, a saber, *que les [a los judíos] ha sido confiada la palabra de Dios* (Ro 3:1-2). La Palabra de Dios, aquella por la cual el Espíritu de Dios da vida a los pecadores en Cristo, era la posesión exclusiva del pueblo del pacto. El Salmo 147:19-20 dice: *Ha manifestado sus palabras a Jacob, Sus estatutos y sus juicios a Israel. No ha hecho así con ninguna otra de las naciones; y en cuanto a sus juicios, no los conocieron. Aleluya.*

Cerca de un año después, el Señor visitó a Abraham una vez más (Gn 18). Esta vez fue para anunciar que el hijo prometido nacería precisamente un año después, y para explicarle de nuevo cómo funcionaría el pacto. Dijo: *Porque yo sé que mandará a sus hijos y a su casa después de sí, que guarden el camino de Jehová, haciendo justicia y juicio, para que haga venir Jehová sobre Abraham lo que ha hablado acerca de él* (Gn 18:19). Dios había escogido a Abraham para que transmitiera a sus hijos la maravillosa gracia de Dios e instruirlos en el camino de justicia.

La responsabilidad de instruir a los hijos del pacto no se limitaba solo a Abraham. ¿No ordenó también Moisés a los hombres de su tiempo que enseñaran a sus hijos las cosas de Dios cuando estén en sus casas, andando por el camino, al acostarse y al levantarse (Dt 6:6-7)? ¿Y no les corresponde también a los padres cristianos hoy criar a sus hijos *en disciplina y amonestación del Señor* (Ef 6:4)?

En sí misma, la circuncisión no aseguró para ninguno de los descendientes de Abraham el derecho de contarse entre el pueblo de Dios. Pero tampoco era una señal desnuda y sin significado. Significó y selló las promesas del pacto tanto para los creyentes como para sus hijos, es decir, que Dios daría las bendiciones del pacto a cualquiera que creyera. Sería su Dios, y ellos serían su pueblo.

Capítulo 9
Circuncisión y Bautismo

☫

El Desde la caída en el pecado, Satanás ha usado todo a su disposición para alentar la rebelión continua del hombre. Nos asegura que, ya sea que obedezcamos a Dios o no, realmente no hace ninguna diferencia. Como en el jardín, su pregunta favorita es: *¿Con que Dios os ha dicho?*

Debido a que las promesas de la Biblia están generalmente condicionadas a nuestra obediencia (en el sentido de que la condición debe satisfacerse antes de que se dé la bendición, pero no en el sentido de merecer esta última), nuestra obediencia realmente importa. Es cierto, por supuesto, que Dios cumple la condición en y por nosotros, pero la condición, no obstante, debe cumplirse.[102] Y esto no es menos cierto en la salvación donde el gozo de la vida eterna está condicionado a creer en Cristo (Hch 16:31).

Los ingeniosos artilugios de Satanás no son más evidentes en ninguna parte que en la forma en que persuade a los creyentes a descuidar sus responsabilidades hacia sus hijos. El Señor prometió a Abraham que sería un Dios para él y para su simiente. Pero esta promesa fue restringida en

---

[102] Louis Berkhof, *Systematic Theology* (Grand Rapids: Eerdmans, 1976), 280–81

dos formas estrechamente relacionadas. Primero, el Señor ordenó a Abraham aplicar la señal del pacto (circuncisión) a sus hijos. El no hacerlo revelaba una indiferencia y desprecio por el pacto mismo. De esta forma, los hijos incircuncisos fueron *cortados* del pueblo de Dios (Gn 17:14). Y, en segundo lugar, la aplicación de la señal del pacto a los hijos de Abraham fue un reconocimiento explícito de que pertenecían al Señor y, por lo tanto, debían ser criados dentro del marco del pacto. Debían enseñar sus exigencias y preceptos, y alentarlos a confiar en el Dios del pacto para su salvación. ¿No decidió Abraham que enseñaría a sus hijos a guardar el camino del Señor (Gn 18:19)?

Con el paso del tiempo, los antiguos judíos olvidaron estas cosas y asumieron que eran salvos simplemente porque Abraham era su padre. La circuncisión era la única cosa que necesitaban. Con esto en mente, prevaleció la táctica de Satanás. Había convencido al pueblo del pacto que la fe y la obediencia no eran realmente necesarias, y como resultado muchos de ellos perecieron en una peligrosa mentira.

La Circuncisión y los Hijos

Pero ¿por qué dedicar tanto tiempo a la circuncisión? Los creyentes del Nuevo Testamento ya no practican este ritual sangriento, al menos no como un rito religioso. Así que, ¿cuál es el punto?

Para responder a esto, pasamos al segundo capítulo de Colosenses. Pablo escribió: *En él también fuisteis circuncidados con circuncisión no hecha a mano, al echar de vosotros el cuerpo pecaminoso carnal, en la circuncisión de Cristo; sepultados con él en el bautismo, en el cual fuisteis también resucitados con él, mediante la fe en el poder de Dios que le levantó de los muertos* (vv. 11-12). Téngase en cuenta que los colosenses eran gentiles de nacimiento y, por lo tanto, no habían sido circuncidados como parte del pacto abrahámico. Sin embargo, no obstante, según Pablo, habían sido circuncidados. La suya fue una *circuncisión hecha sin manos*. Sus pecados habían sido borrados por la circuncisión de Cristo. ¿Y cuando sucedió esto? Pablo dice que les fue señalado y sellado cuando fueron sepultados con Cristo en el bautismo. De esta forma, el bautismo del Nuevo Testamento y la circuncisión del Antiguo Testamento tienen esencialmente el mismo significado. El bautismo, habiendo ahora reemplazado al rito del Antiguo Testamento, representa el lavamiento de nuestros pecados por la sangre de Cristo (Hch 22:16).[103]

Luego entonces, si el bautismo reemplaza a la circuncisión en el Nuevo Testamento, y si la circuncisión fue aplicada a los hijos nacidos dentro de la comunidad del pacto en el Antiguo Testamento, entonces este pasaje de las Escrituras demanda además el bautismo de infantes. Esto, en la opinión de este escritor, se basa se mantiene por sí mismo, pero hay mucho más que necesita decirse.

Para empezar, considérese al bautismo en relación con el principio regulativo de la adoración. El principio regulativo dice que debemos adorar a Dios solo como nos ha ordenado en su Palabra, tanto por un *precepto* explícito como por un *ejemplo* claro. No somos libres de innovar o maquillar las cosas como queramos. Cuando los hijos de

---

[103] En realidad, el sacramento del bautismo del Nuevo Testamento reemplaza a todos los lavamientos rituales del Antiguo Testamento (por ejemplo, la limpieza de los leprosos y la purificación de los sacerdotes); sin embargo, un tratamiento completo de esto nos llevaría más allá de nuestro propósito actual.

Aarón, Nadab y Abiú, intentaron esto, el Señor los mató con un fuego que salió del tabernáculo. Pero recordemos que no habían pecado por hacer algo que Dios había prohibido, sino que, pecaron por hacer algo que no había ordenado (Lv 10:1-2; cf. Dt 12:32).

Ahora bien, ¿cómo aplica esto al bautismo? Incuestionablemente, Dios instruyó a Abraham aplicar la señal del pacto a todos los hijos varones nacidos dentro de su casa. Así es como Dios ordenó a su pueblo que lo adorara. Por lo tanto, la señal del pacto debe darse a los hijos de los creyentes hasta que el Señor aclare que quiere otra cosa. Ahora, si el bautismo reemplaza a la circuncisión, como Pablo escribió en Colosenses, entonces no se necesita un mandamiento que autorice el bautismo en el Nuevo Testamento, pero aquellos que se oponen al bautismo infantil deben mostrar que la Biblia lo prohíbe explícitamente. No se puede encontrar tal texto.

Pentecostés hubiera sido una gran ocasión para que el Señor hubiera hecho este cambio si lo hubiera deseado. Cuando los judíos que escucharon el sermón de Pedro preguntaron: ¿qué *debemos hacer*? Pedro pudo haber dicho: «bueno, ustedes saben, las cosas han cambiado un poco desde que Dios primero hizo su pacto con Abraham. Sí, prometió al patriarca que el pacto incluiría tanto a creyentes como a su simiente para siempre, pero sus hijos ya no son tan preciados para Él. Así que, olvídense de sus hijos. Vengan, y bautícense ya que la promesa ahora es solo para ustedes». Pero no fue lo que dijo. De hecho, dijo exactamente lo opuesto.

Después de ordenar a los judíos que se arrepintieran y se

bautizaran, agregó: *Porque para vosotros es la promesa, y para vuestros hijos* (Hechos 2:38-39). Ningún judío habría mal entendido el significado de estas palabras. Vienen directamente de Génesis 17:7, donde Dios prometió a Abraham que establecería su pacto más misericordioso tanto con él como con su simiente para siempre. Abraham aplicó la señal a todos los varones de su casa, y los judíos creyentes del tiempo de Pedro, siguiendo su ejemplo, aplicarían la nueva señal del pacto a sus hijos también.

Además, existen muchos pasajes en el Nuevo Testamento que hablan de casas enteras siendo bautizadas (Hch 16:15, 33; 1 Co 1:16). Si bien es cierto que ninguno de estos pasajes específicamente dice que los bebés o incluso los niños pequeños estaban presentes, la suposición de que no había ninguno es extremadamente improbable, especialmente en vista del hecho de que una casa se define en Génesis 17 como un creyente y sus hijos. Los siervos también eran contados como hijos.[104] Pero lo que es más importante, no es necesario que ninguna de estas casas tenga hijos. ¿Por qué? Porque el bautismo en el hogar es un bautismo de pacto, ya sea que incluya a bebés y niños pequeños o no. En el Nuevo Testamento, no menos que en el Antiguo, el Señor generalmente obra en los individuos a través de sus familias.

Y finalmente, el Señor Jesucristo tomó niños pequeños en sus brazos y los bendijo. Reconoció que estaban incluidos en el pacto cuando dijo: *porque de los tales es el reino de Dios* (Mc 10:14). ¿El mismo Salvador tierno, que

---

[104] Incluso un esposo incrédulo y los hijos de matrimonios mixtos son santificados por una esposa creyente porque los medios de la gracia, la Palabra de Dios y la oración, están presentes en su hogar (1 Co 7:14).

reconoció que los niños pueden poseer la realidad de la alianza, los privaría entonces de su señal y sello? La sola sugerencia que haría esto es absurdo.

El Catecismo de Heidelberg da una respuesta muy directa a esta cuestión, ¿Se ha de bautizar también a los niños? Dice, «Naturalmente, porque están comprendidos, como los adultos, en el pacto, y pertenecen a la iglesia de Dios. Tanto a éstos como a los adultos se les promete por la sangre de Cristo, la remisión de los pecados y el Espíritu Santo, obrador de la fe; por esto, y como señal de este pacto, deben ser incorporados a la Iglesia de Dios y diferenciados de los hijos de los infieles, así como se hacía en el pacto del Antiguo Testamento por la circuncisión, cuyo sustituto es el Bautismo en el Nuevo Pacto».

Hijos del Pacto

En su *Teología Sistemática*, Louis Berkhof escribió, «en nuestro día muchos cristianos profesantes han perdido completamente la consciencia del significado espiritual del bautismo. Se ha vuelto una mera formalidad».[105]

Hablando específicamente del bautismo de niños, John Murray también dijo:

> Incluso cuando la práctica todavía persiste, a menudo hay poco más que sentimiento y tradición detrás de ella. Dicha situación es deplorable. El sentimiento tradicional jamás puede aducirse como la base adecuada para cualquier elemento de adoración de la iglesia de Dios. La institución divina es la única garantía. Y cuando el sentimiento o la costumbre toman el lugar del reconocimiento de la prescripción divina en cualquier particular que

---

[105] Berkhof, 627.

concierna a los elementos de la adoración divina, se revela un estado de ánimo completamente ajeno a la naturaleza de la iglesia y la adoración que se ofrece a Dios.[106]

Si es cierto que el bautismo se ha vuelto nada más que una formalidad en algunos círculos, que su significado espiritual se ha perdido, y que el sentimentalismo se ha apoderado de él, entonces esas iglesias están de hecho en un estado triste. Ya que al menos dos eruditos del siglo pasado creen que esto ha sucedido, debemos preguntar: ¿cuál es el significado verdadero del bautismo?

Pero antes de responder a esto, sin embargo, primero debemos decir lo que no es el bautismo.

No es, primero que todo, una regeneración automática. La doctrina romana de la regeneración bautismal enseña que el agua del bautismo mismo elimina la culpa tanto del pecado original como del actual (o al menos de los pecados actuales cometidos antes del bautismo). Por la aplicación del agua en el nombre de la Trinidad, una persona se vuelve regenerada, un hijo de Dios, una oveja de Cristo. Aquellos que sostienen este punto de vista afirman que el bautismo es absolutamente esencial para la salvación.

En los últimos diez años o más, los seguidores de la Visión Federal han promovido una variación de la regeneración bautismal dentro de la comunidad reformada. Sus ideas están lejos de ser originales, ya que han tomado prestado extensamente de la teología Tractariana y de Mercersburg del siglo XIX. Estrictamente hablando, los miembros de la

---

[106] John Murray, *Christian Baptism* (Phillipsburg, NJ: Presbyterian and Reformed, 1980), prefacio.

Visión Federal no creen que el bautismo regenere automáticamente a un individuo, pero que debemos asumir que lo ha hecho a menos que la persona que ha sido bautizada muestre después lo opuesto.

En cualquier caso, existen pocos versículos que parecen implicar que el bautismo real y verdaderamente elimine los pecados de un hombre. Por ejemplo, Pedro instruyó a sus conversos de pentecostés: *arrepentíos y bautícese cada uno de vosotros en el nombre de Jesucristo para perdón de los pecados; y recibiréis el don del Espíritu Santo* (Hch 2:38). Del mismo modo, Ananías le dijo a Pablo: *Levántate y bautízate, y lava tus pecados, invocando su nombre* (22:16). Y 1 Pedro 3:21 dice: *El bautismo que corresponde a esto ahora nos salva (no quitando las inmundicias de la carne, sino como la aspiración de una buena conciencia hacia Dios) por la resurrección de Jesucristo.*

Pero, incluso con estos versículos, solo podemos mantener la idea de la regeneración bautismal si no distinguimos entre una señal sacramental y lo que significa.

Mientras conducimos arriba y abajo de la carretera, pasamos muchas señales que advierten vistas escénicas y otros sitios inusuales. Pero nadie se detiene en las señales para tomar fotos. Las señales nos dirigen para ir a otro lugar. Así es con el bautismo: aparte de la realidad que representa, el bautismo no tiene significado. Es un símbolo que representa purificación del pecado, pero por sí mismo no puede purificar. Si la gracia que simboliza el bautismo no está presente dentro de la persona que está siendo bautizada o no se vuelve presente en algún punto de su vida, entonces el bautismo no contará como bautismo en absoluto.

En Romanos, Pablo insistió en que el sacramento y su realidad deben existir juntos: *Pues en verdad la circuncisión aprovecha, si guardas la ley; pero si eres transgresor de la ley, tu circuncisión viene a ser incircuncisión. Si, pues, el incircunciso guardare las ordenanzas de la ley, ¿no será tenida su incircuncisión como circuncisión? Y el que físicamente es incircunciso, pero guarda perfectamente la ley, te condenará a ti, que con la letra de la ley y con la circuncisión eres transgresor de la ley. Pues no es judío el que lo es exteriormente, ni es la circuncisión la que se hace exteriormente en la carne; sino que es judío el que lo es en lo interior, y la circuncisión es la del corazón, en espíritu, no en letra; la alabanza del cual no viene de los hombres, sino de Dios* (Ro 2:25-29).

¿Cuántos judíos habían sido circuncidados en la carne, pero tenían *corazones incircuncisos* (Lv 26:41)? De cada uno de los que esto era cierto, el sacramento los identificaba como parte de la comunidad del pacto, pero jamás habían sido regenerados por el Espíritu de Dios. Este problema también existió en el tiempo de Jeremías (Jer 9:26). Esteban lo notó también (Hch 7:51).

Aunque el agua del bautismo no lava los pecados de nadie, para los creyentes es una señal y sello maravilloso dado por Dios que nos declara y asegura que hemos sido limpiados de nuestros pecados por la sangre y el Espíritu de Jesucristo. Cuando están presentes la señal y la realidad, ¡ministran un consuelo asombroso a quienes lo tienen!
Un segundo malentendido del valor del bautismo es el bautismo de creyentes. El bautismo de creyentes enseña

que los únicos candidatos adecuados para el bautismo son los adultos que realmente creen en el Señor Jesucristo. Ya que los bebés no pueden creer, no deben ser bautizados.

El principal problema con este argumento es que también le roba su valor al sacramento de la circuncisión del Antiguo Testamento, ya que la circuncisión era tanto *un sello de la justicia de la fe* como el bautismo (Ro 4:11). Los hijos de Abraham no eran más capaces de creer de lo que son los hijos nacidos hoy en día en los hogares cristianos. Y recordemos que fue el Señor, que conoce todas las cosas (incluyendo el alcance de las habilidades de nuestros hijos), quien ordenó a Abraham circuncidar a sus hijos.

Pero ¿qué dice realmente la Biblia sobre los bebés? Para empezar, son pecadores como sus padres. Su inhabilidad para creer no se debe a su edad sino a su muerte espiritual (Ef 2:1-3; Jn 1:12-13). Además, ya que la vida eterna es un don de la soberanía de Dios que obra todas las cosas según su santa voluntad, ¿por qué debemos asumir que no puede obrar su gracia en los corazones de los niños?

Considérense Lucas 1:44 y 2 Timoteo 3:15. Antes que naciera Juan el bautista, escuchó el saludo de María y entendió lo suficiente para saltar en el vientre de su madre con gozo. Asimismo, Pablo reconoció que Timoteo había conocido la Palabra de Dios desde su niñez. La palabra griega para *niño* en este ejemplo es βρέφος, es decir, un niño que todavía está siendo amamantado por su madre. Sin duda, el entendimiento intelectual de Juan y Timoteo era infantil y no desarrollado. Nadie afirma que pudieran haber explicado las complejidades de la Trinidad mientras todavía usaban pañales. Pero claramente entendieron y creyeron algo, por muy limitado que hubiera sido. Y lo que sea que hayan entendido y creído fue suficiente para salvación.

De este modo, el bautismo de creyentes hace una gran injusticia a la soberanía de Dios.

El Bautismo y el Pacto de Gracia

Los errores en la regeneración bautismal y los creyentes del bautismo se produjeron porque los sacramentos no se definieron según la Escritura.

La comprensión reformada y bíblica de los sacramentos se da en la pregunta 66 del Catecismo de Heidelberg: «¿Qué son los Sacramentos? Respuesta: Son señales sagradas y visibles, y sellos instituidos por Dios para este fin: para que por su uso Él nos declare y selle de una manera más clara la promesa del Evangelio; a saber, que por pura gracia Dios nos confiere el perdón de pecados y la vida eterna por amor al único sacrificio de Cristo realizado en la cruz». Aquí las palabras importantes son *señales* y *sellos*. Como señales, los sacramentos representan la gracia de Dios a los creyentes, es decir, nos instruyen en las verdades del evangelio. Como sellos, también nos aseguran que las bendiciones del evangelio son verdaderamente nuestras a través de Jesucristo si creemos.

El bautismo, hablando bíblicamente, es tanto una señal como un sello de las promesas del pacto de Dios para su pueblo. El lavamiento físico de nuestros cuerpos simboliza el lavamiento espiritual de la regeneración, que reciben los verdaderos creyentes a través de la obra poderosa del Espíritu de Dios. Y cada vez que presenciamos un bautismo, el Espíritu además nos asegura que pertenecemos al Señor, que nos trajo a su pacto de gracia. El bautismo confirma la promesa de Dios de perdonar nuestros pecados y darnos la bienvenida a su favor.

Debido a que el Espíritu opera a través de la Palabra, la tradición presbiteriana y reformada siempre ha enfatizado que la Palabra de Dios tiene un mayor significado que el rociamiento mismo del agua. Creer en la Palabra de Dios es suficiente en sí mismo para la salvación (Hch 16:31), mientras que la incredulidad termina en castigo eterno (Mc 16:16). Esto es cierto independientemente de si una persona está bautizada o no. El ladrón en la cruz se salvó sin bautismo (Lc 23:43), y aunque Simón el mago se bautizó, Pedro le dijo: *No tienes tú parte ni suerte en este asunto, porque tu corazón no es recto delante de Dios. Arrepiéntete, pues, de esta tu maldad, y ruega a Dios, si quizá te sea perdonado el pensamiento de tu corazón* (Hch 8:13 y 20-23). Así que, en cuanto concierne a la salvación, la fe en la Palabra es el factor determinante, no el bautismo.

Pero esto no hace al bautismo opcional. La Palabra de Dios ordena a los creyentes y a sus hijos, bajo circunstancias normales, recibir la señal del pacto. Si alguien rechaza ser bautizado cuando puede serlo, su rechazo sugiere que la Palabra de Dios no se ha enraizado en su corazón. Debe ser considerado un incrédulo, tal como los judíos incircuncisos fueron cortados del pacto en el Antiguo Testamento. Excepto por casos especiales como el ladrón en la cruz, no existe tal cosa como un «cristiano» no bautizado.

Además, los protestantes también enseñan que la Palabra de Dios es necesaria para la correcta administración del bautismo. Esto significa que la predicación de la Palabra debe acompañar al bautismo, incluso si solo es en forma abreviada. Existen dos razones para esto. Primero, el Espíritu Santo utiliza la Palabra de Dios para dispensar la gracia que el bautismo significa y sella a los creyentes. Como escribió Pablo: *la fe es por el oír, y el oír, por la palabra de Dios* (Ro 10:17). Esta es la razón por la que los padres cristianos deben prometer instruir a sus hijos en las Escrituras antes de que puedan presentarlos para el bautismo. Y, en segundo lugar, solo la Palabra de Dios define la naturaleza del bautismo y le da su significado. ¿Qué hace que el bautismo sea diferente a tomar una ducha o caminar por el parque bajo la lluvia? Solo la predicación de la Palabra. Debido a la estrecha conexión entre la predicación y los sacramentos, solo los ministros ordenados legalmente pueden administrar el bautismo.

El bautismo por agua en sí mismo no tiene eficacia en lo absoluto. Es completamente incompetente para salvar siquiera un alma. Pero, cuando se combina con la instrucción diaria y las oraciones del pueblo de Dios, el Espíritu de Dios da a los creyentes lo que promete. Nos hace hijos de Abraham: *Y si vosotros sois de Cristo, ciertamente linaje de Abraham sois, y herederos según la promesa. De modo que los de la fe son bendecidos con el creyente Abraham* (Gal 3:29, 9).

Capítulo 10
Pascua y la Cena del Señor

☦

Para cuando el ángel de la muerte hirió al primogénito de los egipcios, Egipto ya era un gran desastre. Ranas, granizo, furúnculos, oscuridad y otras plagas habían dejado la tierra en la peor miseria que jamás había visto. Sin embargo, con cada plaga, el corazón del faraón se endurecía y no dejaba ir al pueblo de Dios.

La presentación usual de este relato ya sea en la pantalla o en la literatura cristiana, pierde completamente el sentido. Aunque es cierto que Moisés retó a faraón para dejar partir al pueblo de Dios, la verdadera contienda no era realmente entre dos hombres. Ellos eran actores relativamente menores. La verdadera contienda era entre Jehová –el Dios de los judíos y guardador del pacto– y la plétora de ídolos que adoraban los egipcios. El Señor dijo: *ejecutaré mis juicios en todos los dioses de Egipto. Yo Jehová* (Ex 12:12). Números 33:4 dice lo mismo. Incluso Jetro, el suegro de Moisés, reconoció la verdadera naturaleza del conflicto cuando dijo: *Ahora conozco que Jehová es más grande que todos los dioses; porque en lo que se ensoberbecieron prevaleció contra ellos* (Ex 18:11).

Parece que cada una de las diez plagas fue directamente contra una deidad o deidades específicas. Los egipcios adoraron a Osiris y Nun (los dioses del Nilo), Heket (la diosa cabeza rana), Shu y Nut (dioses de la atmósfera y del cielo), Neper, (el dios del grano), Anubis (dios de los campos) y Min (dios de la cosecha). En la novena plaga el Señor destronó a uno de los dioses más poderosos de los egipcios, el poderoso dios del sol, Ra, y por tres días hubo tal obscuridad en la tierra que los egipcios no podían ver lo suficientemente bien como para levantarse de la cama. Todo mundo sabía lo que estaba pasando: uno por uno los dioses de Egipto cayeron en desgracia delante de Jehová, como cachorros llorones metiendo la cola entre las patas y huyendo. Los dioses egipcios no podían estar ante la presencia del santo Dios de Israel.

Con cada plaga, la severidad del juicio de Dios se intensificó, pero no importa qué tal mal se pusieran las cosas, Faraón todavía se negaba a dejar ir al pueblo de Dios. Desafió obstinadamente al Señor hasta la décima plaga, que fue sin duda la peor de todas. Como el ángel de la muerte pasó a través de la tierra, el primogénito del hombre y bestia pereció en una sola noche.

Incluso esto fue un juicio contra un dios egipcio. Los egipcios creyeron que los farones se volvían dioses al morir. Ya que el hijo primogénito estaba destinado a convertirse en Faraón, el Ángel de la muerte se lo llevó antes que tuviera oportunidad de unirse al panteón.

La Pascua judía
El Señor había preparado a su pueblo para la llegada del Ángel dándoles la Pascua. La Pascua fue tanto una bendición para los judíos como un recordatorio de la severidad del juicio de Dios.

Teología del Pacto

Aunque los judíos se regocijaban de que el Señor los protegía, la Pascua todavía no era agradable para ellos. En el décimo día del mes primero, cada padre judío salía a sus rebaños y escogía uno de sus preciados animales. Sería suficiente un cordero o un cabrito,[107] siempre que fuera un macho de primer año y sin mancha ni tacha. Luego lo separaba de todos los demás y lo llevaba a su casa, donde los niños jugaban con él como si fuera un miembro de su familia, durante los días siguientes. Pero al catorceavo día del mismo mes, el padre tomaba el cordero que los niños habían llegado a amar, y lo mataba. Recogía su sangre y la untaba sobre el dintel de su casa con una rama de hisopo. Después de quitar la piel, asaba todo el cordero, luego toda la familia lo comía con hierbas amargas, pan sin levadura y vino.[108]

¿Te imaginas lo difícil que debe haber sido para los padres judíos explicar este sangriento procedimiento a sus hijos? ¿Es posible que un niño pequeño comprendiera que el inocente cordero, que se había convertido en un miembro de su familia, tenía que morir para que el destructor pasara por alto su casa? ¿Sabían los judíos que los primogénitos de Egipto estaban pereciendo mientras comían?

James Boice describió qué tan poderosamente la Pascua capturaba la atención de todo hombre, mujer y niño:

---

[107] Witsio sostiene que la ofrenda esperada era un cordero, que representaba la mansedumbre y docilidad de Jesús mejor que cualquier otro animal. Sin embargo, el Señor también permitió que aquellos que no tenían un cordero usaran una cabra. Ver Witsio, 2: 268.

[108] La primera vez que se celebró la Pascua, se hizo en el hogar y cada padre ofreció el sacrificio por su familia (Ex 12:6, 47). Luego, toda la familia se reunió en una comida común. Pero una vez que los judíos se establecieron en la tierra prometida, solo los hombres adultos participaban en la celebración. Los levitas, en general, mataban los corderos en el lugar que Dios había designado (Dt 16:5-7).

> Todo habría sido muy solemne cuando la familia se sentó a Cenar esa noche, completamente vestidos y listos para partir. Al principio habría habido silencio excepto por la pequeña charla suave que acompañó a la distribución del cordero y las hierbas amargas. Luego habría habido un silencio total en el hogar cuando comenzó la terrible plaga y comenzaron a escucharse los primeros lamentos de los dolientes de la ciudad.
> … Habría habido gritos y llantos. Y todo el tiempo la familia hebrea habría estado sentada en silencio, temblando un poco, esperando el momento que señalaría su partida.[109]

La solemnidad de esa noche debe haber permanecido en las mentes de los judíos al conmemorar la Pascua en los años venideros.

Las lecciones de la Pascua son muchas, y la principal entre ellas es que la salvación es solo por gracia. Que tan fácil habría sido para los judíos confiar en su ascendencia para recibir el favor de Dios, como harían después en el tiempo de Jesús, o depender del hecho de que habían sido circuncidados como Abraham. Habiéndose librado de las diez plagas, podrían haber concluido que ellos eran de alguna manera mejores o más merecedores que los egipcios. Sin embargo, la Pascua los puso cara a cara con el hecho de que eran pecadores también. Muchos de ellos habían adorado a los mismos dioses-demonios como los egipcios. Notemos ¡qué tan rápido regresaron a la idolatría cuando Moisés no bajaba de la montaña! Merecían morir tanto

---

[109] James Montgomery Boice, *Ordinary Men Called by God: Abraham, Moses and David* (Wheaton, IL: Victor Books, 1982), 75

como los egipcios, y hubieran muerto si Dios no les hubiera mostrado misericordia en vez de juicio. En la Pascua proveyó un substituto para morir en su lugar.

¿Por qué Dios favoreció a los judíos de esta manera? No porque fueran particularmente fuertes o adorables. Ni porque fueran sabios o talentosos por sobre los demás. Los escogió porque siempre había sido su voluntad soberana tener un pueblo del pacto, una raza elegida para sí mismo, y escogió formar este pueblo de la simiente de Abraham. Para este fin, había dado su Palabra –su pacto– al patriarca. Éxodo 2:24-25 dice: *Y oyó Dios el gemido de ellos, y se acordó de su pacto con Abraham, Isaac y Jacob. Y miró Dios a los hijos de Israel, y los reconoció Dios*. La liberación de los judíos solo puede entenderse correctamente en el contexto del pacto entre Dios y su pueblo (Ex 12:13-14).

Otra lección es la necesidad de sangre. Los egipcios tenían que pagar por sus pecados, y el Faraón en particular tenía que responder por rechazar liberar a los esclavos hebreos cuando Dios le mandó que los liberara. Ninguna familia egipcia fue perdonada. Desde el Faraón hasta el prisionero más bajo en el calabozo más sucio, el primogénito de cada familia pereció.

Sin embargo, los judíos evitaron la muerte de su primogénito al sacrificar sus corderos, ejemplificando así el principio de la expiación sustitutiva. Aunque no fue fácil, supieron que nada menos que la sangre del cordero apartaría la furia de la ira de Dios. Como dice Levítico 17:11: *la misma sangre hará expiación de la persona*.

La Cena cristiana

Detrás de todo esto está el hecho de que la Pascua presagiaba el sacrificio de Jesucristo, el sacrificio realizado de una vez y para siempre. Cada uno de los Evangelios registra que Jesús murió durante la celebración de la Pascua (por ej., Marcos 14:1) en cumplimiento de la sombra. Como escribió Pablo: *porque nuestra Pascua, que es Cristo, ya fue sacrificada por nosotros* (1 Co 5:7). Él es el Cordero de Dios sin mancha, el «contenido» central tanto de la Palabra como del sacramento.[110]

En las instrucciones originales de la Pascua, Moisés describió el sacramento dos veces como una ordenanza para siempre (Ex 12:14, 17), y tres veces dijo que debía guardarse a lo largo de sus generaciones (vv. 14, 17 y 42). Esto significa que la Pascua debía ser observada perpetuamente por la comunidad del pacto. ¿Debemos guardarla todavía hoy? En un sentido sí. Aunque ya no asamos corderos machos impecables de un año en el decimocuarto día de Nisán, sí observamos la Cena del Señor en su lugar. La Cena del Señor reemplaza a la Pascua como el sacramento del Nuevo Testamento que conmemora nuestra redención. Tal como el bautismo reemplaza a la circuncisión como una señal de la iniciación del pacto, la Cena del Señor reemplaza a la Pascua como un emblema de liberación.[111]

Números 9:6-11 sugiere que esto sería así. Una vez establecidos los judíos en la tierra, habría ocasiones cuando algunos de ellos no fueran capaces de participar en la

---

[110] Marcel, 36-39.
[111] Al igual que con el bautismo, la Cena del Señor es mucho más que un simple reemplazo de la Pascua. Realmente reemplaza a todos los sacrificios del antiguo pacto y cumple las predicciones del Cordero de Dios sufriente como se encuentra, por ejemplo, en el capítulo cincuenta y tres de Isaías.

Pascua, ya sea debido a que estuvieran impuros ceremonialmente o porque estuvieran *lejos* (viajando) durante la Pascua programada. En tales casos, la ley les permitió observar una segunda Pascua exactamente un mes después de la primera. El por qué el Señor les dio esta provisión no está claro, pero es interesante que Dios tuvo compasión de aquellos que no podían guardar la Pascua regular. En Efesios 2:1-13, Pablo describió a sus lectores gentiles, quienes una vez habían sido tanto impuros (muertos en sus pecados e incircuncisos) como lejanos (separados de la comunidad del pacto), como habiendo sido hechos cercanos por la sangre de Jesucristo. De este modo, la observación de la segunda Pascua anticipó una celebración mucho mayor en el futuro. Como Dios cumplió su promesa de hacer a Abraham una bendición para todas las naciones de la tierra, los creyentes vendrían desde cerca y lejos para celebrar la obra del Mesías.[112]

Las similitudes entre la Pascua y la Cena del Señor son aún más claras en el Nuevo Testamento. Jesús no solo dio su Cena a los discípulos inmediatamente después de observar la Pascua, sino que incluso la forma es similar. Al comer el pan de Pascua, los judíos dirían: «este es ese pan de aflicción, que tus padres comieron en la tierra de Egipto».[113] Jesús dio el pan a sus discípulos, diciendo: *Y tomó el pan y dio gracias, y lo partió y les dio, diciendo: Esto es mi cuerpo, que por vosotros es dado; haced esto en memoria de mí* (Lc 22:19). Ambos fueron señales de liberación. Ambos, junto con todas las comidas sacrificiales del Antiguo Testamento, «fueron expresiones del hecho de que, sobre la base del sacrificio ofrecido y

---

[112] Witsio, 2:267, nota.
[113] Witsio, 2:452.

aceptado, Dios recibe a su pueblo como invitado en su casa y se une con ellos en una comunión de gozo, la vida comunal del pacto».[114]

Por otro lado, la Cena del Señor también contrasta con la Pascua de una manera muy importante: su simplicidad. Ya que Jesús satisfizo el requerimiento de sangre por su muerte en la cruz, la comunión solo usa pan y vino, alimentos básicos que se pueden obtener fácilmente. De esta manera, la Cena ejemplifica la naturaleza espiritual de la presente administración de la gracia de Dios incluso más plenamente.

Desafortunadamente, la simplicidad del sacramento no ha prevenido que hombres sin escrúpulos introduzcan supersticiones en ella. La iglesia romanista la ha convertido en una recreación de la crucifixión. Pero afortunadamente, es menos susceptible a la superstición de lo que pudo haber sido un ritual más elaborado.[115]

A lo largo de los años, la iglesia ha debatido cuáles deberían ser los elementos adecuados para la comunión. ¿Se requiere pan sin levadura, o el pan con levadura sirve igual de bien? ¿Hay alguna diferencia si el vino está fermentado o no?

Consideremos el pan primero. Dice A.A. Hodge:

> Cristo utilizó pan sin levadura porque estaba presente en la Pascua. Los primeros cristianos celebraron la comunión en una comida común, con el pan de la vida común, que tenía levadura.

---

[114] Berkhof, 644.
[115] Witsio, 2:445.

> La Iglesia Romana ha utilizado pan sin levadura desde el siglo VIII... la Iglesia Griega insiste en el uso de pan con levadura. La iglesia Luterana utiliza pan sin levadura. La iglesia Reformada, incluyendo a la iglesia de Inglaterra, considera apropiado el uso de pan con levadura, como la comida de la vida común, ya que el pan en la Cena es el símbolo de la nutrición espiritual.[116]

Si el pan de la Cena del Señor solo es un símbolo de la nutrición espiritual, entonces debemos usar cualquier pan que comamos durante la semana. Para la mayoría de los estadounidenses e hispanos, sería el pan con levadura.

Sin embargo, la cuestión no es tan simple. La presencia o ausencia de levadura en el pan parece importar. Su ausencia en la Pascua recuerda a los judíos que habían dejado Egipto apresuradamente y, por lo tanto, no tuvieron tiempo para dejar que su pan fermentara (Ex 12:34, 39). Más allá de eso, no parece que se le haya atribuido ningún otro significado en ese momento. No obstante, en 1 Corintios 5:7-8, Pablo utilizó la levadura para representar la hipocresía. Esto puede sugerir un desarrollo posterior en la teología judía. En cualquier caso, el apóstol también la conecta con *la fiesta*, de la cual el incestuoso debía ser excluido. Escribió: *Limpiaos, pues, de la vieja levadura, para que seáis nueva masa, sin levadura como sois; porque nuestra Pascua, que es Cristo, ya fue sacrificada por nosotros. Así que celebremos la fiesta, no con la vieja levadura, ni con la levadura de malicia y de maldad, sino con panes sin levadura, de sinceridad y de verdad.*

Es cierto que la fiesta en este pasaje no era la Cena del

---

[116] A.A. Hodge, *Outlines of Theology* (London: Banner of Truth Trust, 1972), 633.

Señor propiamente, sino una metáfora del gran banquete del Evangelio del que todos los creyentes participan por fe. Pero ya que la Cena del Señor también simboliza esto, parecería que la levadura también debiera ser excluida de la Santa Cena como un símbolo de la sinceridad que Dios requiere, tal como la levadura del pecado debe eliminarse del banquete del Evangelio mismo.

De manera similar, la fermentación del vino también importa. Hablando de la Cena del Señor, el apóstol Pablo se refiere al vino como *la copa de bendición* (1 Co 10:16), una frase tomada de la Pascua, donde incluso los más pobres esperaban consumir al menos cuatro copas de vino. En la Biblia, el vino es una bendición que Dios da a su pueblo, llenando sus corazones con gozo y alegría (Sal 104:15). Pero en otros contextos representa su juicio y maldición sobre los incrédulos. El salmo 75:8 dice: *Porque el cáliz está en la mano de Jehová, y el vino está fermentado, lleno de mistura; y él derrama del mismo; hasta el fondo lo apurarán, y lo beberán todos los impíos de la tierra.* Cuatro veces en el libro de Apocalipsis, los enemigos de Dios son descritos como habiéndose emborrachado con el vino de su furia (caps. 14:8, 10; 16:19; 18:3).

El paralelo entre la Pascua y la Cena del Señor es claro. La Pascua fue una bendición para los judíos, pero deja a los egipcios llorando y lamentándose. Representó salvación para algunos y juicio para otros. Asimismo, el vino de la Cena del Señor da un consuelo inimaginable, paz y gozo a aquellos que lo toman con fe. Es, después de todo, la sangre del nuevo pacto, simbolizando el cumplimiento de todos los rituales sangrientos del Antiguo Testamento, incluyendo la Pascua. Pero aquellos que no creen en el único

Salvador, y, por lo tanto, no participan por fe, no tienen nada que esperar excepto el vino de la ira de Dios. Incluso los creyentes deben tener cuidado. Según 1 Corintios 11:30, muchos miembros de la iglesia en Corinto enfermaron, se debilitaron o incluso habían muerto, porque habían participado de la Cena del Señor sin discernir su cuerpo.

La Cena del Señor, como la Pascua de antaño, testifica del hecho de que la guerra entre Dios y el diablo ha terminado. Jesucristo es el vencedor.

Por lo tanto, ¡que todos los verdaderos creyentes vengan a la Cena de las bodas del Cordero y se alimenten de las promesas del Evangelio!

Capítulo 11
Palabras del Pacto

☩

Llegamos ahora al papel de la ley mosaica en el pacto de gracia. Si alguien duda de su importancia, solo necesita notar que los diez mandamientos son referidos en la Biblia *como las palabras del pacto* (Ex 34:28), *las tablas del pacto* (Dt 9:9) e incluso el *pacto mismo* (Dt 4:13). En Deuteronomio 5:2, Moisés escribió: *Jehová nuestro Dios hizo pacto con nosotros en Horeb.*

La Ley vino a través de Moisés

Un malentendido común sobre los diez mandamientos es que Dios los dio por primera vez cuando Moisés se encontró con Él en el Monte Sinaí. La falsedad de esta suposición se puede demostrar de muchas maneras.

Para comenzar, como observa Robertson, hubo indicios de la ley incluso antes de la caída, puesto que el Señor había establecido instituciones tales como el Sabbat, el matrimonio y el trabajo.[117] Por ejemplo, cuando Dios anunció que un hombre debe dejar a su madre y a su padre para unirse a su esposa en un pacto matrimonial de una sola carne, descartó el adulterio, la homosexualidad, la bestialidad y otros delitos contra el séptimo mandamiento.

---

[117] Robertson, 68-81.

Teología del Pacto

Asimismo, el trabajo semanal del hombre se ajusta al patrón establecido por Dios mismo en la creación: Seis días son para el trabajo ordinario, pero el séptimo día es el Sabbat, un día de descanso. De hecho, el cuarto mandamiento instruyó específicamente a los israelitas *recordar* el séptimo día, lo cual presupone que ya eran conscientes de él. La narrativa del diluvio también muestra que el tiempo estaba dividido en períodos de siete días desde muy temprano en la historia del hombre (Gn 7:4, 10; 8:10, 12). Sin embargo, la más clara indicación de que el mandamiento del Sabbat es anterior al grabado de los diez mandamientos ocurre en la narrativa del desierto de Éxodo 16: durante seis días los israelitas recogieron maná, pero no recibieron nada en el séptimo día, ya que el séptimo día era el Sabbat de Dios el Señor (vv. 23-27).

Génesis 4 también sugiere que Caín conocía el sexto mandamiento.[118] Cuando el Señor le preguntó por el paradero de su hermano después de asesinarlo, mintió (v. 4). Si Caín no hubiera sabido que ese asesinato estaba mal, no hubiera tenido razón de esconder lo que había hecho. Además, Caín también era consciente de que su crimen ordinariamente lo sometería a pena de muerte (v. 14). En cualquier caso, la prohibición del asesinato, así como el uso de la pena capital contra los asesinos, se explica claramente en la revelación dada a Noé después del diluvio (Gn 9:5-6).

El relato de Abraham implica firmemente que el Señor le había dado al menos un resumen bastante detallado de su ley. Dios le ordenó caminar delante de Él y ser perfecto (Gn 17:1). Ahora bien, obviamente este versículo no

---

[118] Esto me llamó la atención en una conversación personal con Gordon H. Clark alrededor del otoño de 1983.

identifica qué tipo de comportamiento Dios tenía en mente. Algunos de ellos, quizá, están implicados en otros eventos de la vida de Abraham. No debía cometer adulterio ni mentir, ya que el Señor azotó la casa de Faraón cuando trató de hacer pasar a Sara solo como su hermana. Y el hecho de que ofreció sacrificios al Señor solo después de salir de Ur sugiere que sabía que Dios exigía a su pueblo adorarlo solo a Él. Pero Génesis 26 va más allá de todo esto, e implica que Abraham estaba familiarizado con toda la ley. El Señor dijo: *oyó Abraham mi voz, y guardó mi precepto, mis mandamientos, mis estatutos y mis leyes* (v. 5).[119] La mención de mandamientos, estatutos y leyes muestra que Dios le había dado a su siervo un estándar objetivo de comportamiento. Pudo no haber sido el cuerpo entero de la legislación mosaica, y probablemente no lo fue, pero debe haber incluido al menos los diez mandamientos.

También muy pertinente es Éxodo 18. Después de que Moisés sacó a los israelitas de Egipto, no pasó mucho tiempo antes de que surgieran controversias entre el pueblo. Un día Jetro, el suegro de Moisés, vio a su yerno juzgando las quejas del pueblo *desde la mañana hasta la tarde* (v. 14), y notó que esta pesada carga lo estaba agotando. Cuando Jetro preguntó a Moisés sobre esto, explicó: *Y Moisés respondió a su suegro: Porque el pueblo viene a mí para consultar a Dios. Cuando tienen asuntos, vienen a mí; y yo juzgo entre el uno y el otro, y declaro las*

---

[119] Calvino sostiene que «aunque todavía no se habían escrito leyes, estatutos, ritos, preceptos y ceremonias, Moisés usó estos términos para poder mostrar con mayor claridad cuán diligentemente Abraham regulaba su vida según la voluntad de Dios solamente». Ver *Commentaries*, 2:60. Aunque es posible que las leyes no hayan sido «escritas», Dios las había dado, repetidamente y en muchas formas diferentes. ¿De qué otra manera Abraham pudo haber regulado su vida con ellos? Aun así, como dice Calvino, la frase «leyes, estatutos», etc., adquirió un significado más específico durante la administración mosaica.

ordenanzas de Dios y sus leyes (vv. 15-16). Es cierto que Moisés siendo un profeta de Dios, pudo haber recibido una revelación directa de Dios con respecto a las cuestiones que traían ante él. Sin embargo, Jetro le aconsejó que se abstuviera de juzgar a excepción de casos especialmente difíciles (v. 22). Para quejas menores, recomendó que Moisés señalara a otros jueces. No existe razón para sospechar que estos jueces de tribunales menores tuvieran el mismo acceso a la revelación directa que tenía Moisés. Si la tenían, podrían haber juzgado casos difíciles también, y no hubiera habido razón para que Moisés hiciera nada. Estos jueces debían tener un estándar por el cual administrar la justicia.

De esta manera, el Antiguo Testamento mismo muestra que Dios había dado los diez mandamientos antes de la ley mosaica. Pero con Moisés, la ley fue registrada por primera vez en piedra y dada a toda la nación en una forma escrita y objetiva. También la declaró el estándar para la vida de cada hombre en el pacto.

El Legislador del Pacto

Aunque a menudo decimos que Moisés le dio a Israel la ley, el verdadero dador de la ley fue Dios mismo. Así dice el prólogo a los diez mandamientos: *Yo soy Jehová tu Dios, que te saqué de la tierra de Egipto, de casa de servidumbre* (Ex 20:2).

Estas palabras también identifican dos razones del por qué Dios esperaba que su pueblo lo obedeciera. El primero es que era su Dios, Jehová, el Dios fiel del pacto. El segundo es que los había liberado de la esclavitud egipcia, un constante recordatorio de que nosotros y todos los hombres venimos al mundo en esclavitud al pecado y con necesidad de la gracia de Dios.

Sin duda, Dios el Padre, Dios el Hijo y Dios el Espíritu Santo crearon y establecieron conjuntamente la ley. Y existen, de hecho, indicios de pluralidad dentro de los mandamientos mismos. Por ejemplo, el Señor habla de sí mismo usando los pronombres de primera persona en el primer y segundo mandamiento, pero empezando con el tercer mandamiento cambia a la tercera persona. Sin embargo, existen unos pocos pasajes que sugieren que Jesucristo dio la ley.[120] Uno es el sermón de Esteban en Hechos 7, donde dijo que Moisés recibió la ley del Ángel que le habló en el Monte Sinaí (v. 38). ¿Quién era este Ángel? Solo unos pocos versículos antes, citó al mismo Ángel diciendo: *Yo soy el Dios de tus padres, el Dios de Abraham, el Dios de Isaac, y el Dios de Jacob* (v. 32). De este modo, el Ángel que dio a Moisés la ley era Dios mismo. Esto era una cristofanía o una manifestación pre-encarnada de Jesús.[121] En el Salmo 68, el mismo Dios que ascendió a lo alto y llevó cautiva la cautividad (v. 18), a quien Efesios 4:8 identifica de nuevo con Jesús: *saliste delante de tu pueblo, cuando anduviste por el desierto, Selah: La tierra tembló, también destilaron los cielos ante la presencia de Dios; aquel Sinaí tembló delante de Dios, del Dios de Israel* (vv. 7-8). Aquí, de nuevo, el contexto era la entrega de la ley.

Ya sea que la ley concuerde con la razón natural del hombre o no nunca es un prerrequisito para la obediencia. Los

---

[120] La siguiente información viene de Witsio, 2:163.
[121] Los ángeles también se mencionan en plural en el versículo 53, sin duda administrando la ley bajo el mandato del Señor (Gálatas 3:19). Sin embargo, esto no contradice que el ángel fuera el Mesías pre-encarnado.

asesinatos seriales del Dr. Kevorkian de hace un par de décadas fueron perfectamente consistentes con su presuposición naturalista de que una vida de sufrimiento no vale la pena vivirla. De forma similar, la homosexualidad prospera en nuestra cultura porque la gente piensa que sus cuerpos son suyos para hacer lo que quieran. Se han convencido a sí mismos de que cualquier perversidad es aceptable. Contrario a esto, la única razón bíblica para obedecer los mandamientos es que Jesucristo, el Rey de la creación y Salvador de su pueblo, lo ordena. Como el Legislador soberano, prescribió su voluntad en su ley. No es nuestra responsabilidad cuestionar esa voluntad, sino someternos a ella en alma y corazón.[122]

Aunque la misma ley vincula a los incrédulos de una forma general, habiendo sido escrita en sus corazones (Ro 2:12), y de este modo sirve como la base para los juicios de Dios contra ellos, debemos recordar que no fue primariamente al mundo en general que Moisés dio la ley. Fue para los hijos de Abraham, con quienes el Señor había formado una relación especial (Sal 147:19-20). El Señor la grabó en piedra, y no en papel, para testificar su permanencia como el estándar de comportamiento para su pueblo del pacto. Las leyes de Dios definen la naturaleza de la vida del pacto para los pecadores redimidos.

Este sigue siendo el caso incluso en el Nuevo Testamento. Jesús es más que un «segundo Moisés». Decir que Él es un profeta más grande que Moisés todavía no es suficiente. Él es el dador e intérprete de la ley. En el sermón del monte, dijo: *No penséis que he venido para abrogar la ley*

---

[122] Witsio, 2:175.

o los profetas; no he venido para abrogar, sino para cumplir (Mt 5:17). Lo que sigue no es un nuevo código de leyes, sino la correcta interpretación de las leyes que ya se han dado. Más concretamente, su obra terminada invistió a las antiguas leyes con nuevos significados. 1 Juan 2:7-8 dice: *Hermanos, no os escribo mandamiento nuevo, sino el mandamiento antiguo que habéis tenido desde el principio; este mandamiento antiguo es la palabra que habéis oído desde el principio. Sin embargo, os escribo un mandamiento nuevo, que es verdadero en él y en vosotros, porque las tinieblas van pasando, y la luz verdadera ya alumbra.*

Algunos argumentan, basados en Mateo 5:17, que Cristo abrogó la ley por su muerte. Suponen que ya no se nos exige obedecer los preceptos de la Biblia puesto que no estamos bajo la ley, sino bajo la gracia (Ro 6:14-15). Pero no pueden estar más equivocados. Si bien es cierto que la maldición de la ley se ha levantado, de modo que ya no estamos sometidos a sus penas, no es cierto que podamos desconocer sus obligaciones. Todavía debemos a Dios la misma obediencia que siempre ha requerido, pero bajo el nuevo pacto el principio de obediencia ahora reside dentro de nosotros por gracia. ¿Por qué Jesús habría renunciado a su reinado? ¿No vino a establecer un reino de creyentes? Y si derogó la ley, haciéndola inaplicable por un corto tiempo, ¿por qué la restituyó más tarde a través de sus apóstoles?[123]

El propósito de la Ley
La ley de Dios jamás ha sido un medio para ganar la

---

[123] Witsio, 2:178.

salvación. Desde la caída, el pacto de la creación solo puede condenar a los descendientes naturales de Adán. Incluso cuando la ley dice: *Por tanto, guardaréis mis estatutos y mis ordenanzas, los cuales haciendo el hombre, vivirá en ellos. Yo Jehová* (Lv 18:5), el punto es que nadie puede vivir en ellos porque nadie puede guardarlos. De hecho, mientras más trata un hombre de guardarlos, más se encuentra cara a cara con su incapacidad. El primer propósito de la ley, entonces, es revelar el alcance de nuestra depravación.

Un segundo propósito de la ley es enseñarnos cómo ser agradecidos por nuestra redención. Consideremos el prólogo de los diez mandamientos. El Señor no promete volverse un Dios para los judíos o liberarlos de la esclavitud *si* guardan la ley. Más bien, dijo: «Yo soy tu Dios. Te he liberado de tu esclavitud. Por lo tanto, harás lo que te ordeno».[124] Obediencia, entonces, es (o al menos debería) la respuesta agradecida de los pecadores a la bondad de Dios. Moisés «externalizó»[125] o grabó la ley en piedra para enseñar al pueblo cómo expresar su más sincera gratitud a Dios por su inestimable misericordia.

Anteriormente hemos aludido al hecho de que los diez mandamientos fueron dados a Moisés como la base de un pacto nacional o modo de vida. Los judíos no solo pertenecían al Señor como individuos, sino también le pertenecían como nación. Witsio, después de concluir que la ley

---

[124] Bullinger, 113. Esta es también la estructura de Éxodo 19:4-6.
[125] Robertson, 173. Oleviano sostuvo que el grabado de la ley era necesario porque la ley de la naturaleza se extinguió como resultado de la caída. Ver Bierma, 123. Si bien esto es verdad en cierto sentido, no puede ser la razón completa porque el daño hecho a la ley de la naturaleza fue inmediato, como vemos en los capítulos 4 al 11 de Génesis. Entonces, ¿por qué habría esperado el Señor casi tres mil años para dar la ley en una forma más objetiva?

de Moisés no era formalmente ni el pacto de la creación ni el pacto de gracia, escribió:

> ¿Qué era entonces? Era un pacto nacional entre Dios e Israel, donde Israel prometió a Dios una obediencia sincera a todos sus preceptos, especialmente las diez palabras; Dios, por otro lado, prometió a Israel, que dicha observancia le sería aceptable, y la recompensaría, tanto en esta vida como en la venidera, tanto en alma como en cuerpo. Esta promesa recíproca supuso un pacto de gracia. Porque, sin la asistencia del pacto de gracia, el hombre no puede prometer sinceramente esa observancia, y sin embargo que Dios acepte una observancia imperfecta se debe totalmente al pacto de gracia. También suponía la doctrina del pacto de obras, cuyo terror, aumentado por las tremendas señales que lo acompañaban, los israelitas deberían haberse emocionado de abrazar ese pacto de Dios. Este acuerdo, por tanto, es consecuencia tanto del pacto de gracia como de las obras; pero formalmente no era ni lo uno ni lo otro… Si alguien me preguntara, ¿qué tipo de pacto, de obras o de gracia? Respondo que formalmente no es ninguna de los dos: sino una alianza de sincera piedad, que supone ambas.[126]

Después, agregó que los diez mandamientos no eran «la forma de un pacto propiamente dicho, sino la regla del deber».[127]

Sin embargo, el mayor propósito de la ley siempre ha sido

---

[126] Witsio, 2:186. No debe pasarse por alto que los judíos malinterpretaron esto y convirtieron virtualmente el pacto del Sinaí en un segundo pacto de obras. Esta es precisamente la crítica ofrecida tanto por los profetas del Antiguo Testamento como por los apóstoles del Nuevo Testamento. Ver Marcel, 75.
[127] Witsio, 2:187.

dirigir a los hombres a Jesucristo como nuestro único Salvador. La ley no solo expone nuestra depravación, revela la perfecta obediencia de Jesús. Ni una vez jamás violó ninguno de sus preceptos ni en el detalle más pequeño. Jamás dejó de amar a Dios o a su prójimo. Ningún mal pensamiento, ni palabra maliciosa o acto cruel se le puede atribuir. Por su perfecta obediencia, mereció la justicia que hace que su pueblo sea aceptable a Dios por fe.

Según 2 Corintios 3, el pacto mosaico, tan glorioso como era, anticipó realmente algo mucho mayor. Cuando Moisés regresó de hablar con el Señor, los judíos no pudieron mirar su rostro debido a su gloria radiante. Porque el Antiguo Testamento, y particularmente la economía mosaica, reveló la misericordia y gracia de Dios, fue verdaderamente algo glorioso. Pero su gloria fue una que se desvanecía, tal como la gloria del rostro de Moisés desapareció con el tiempo. Además, Moisés también cubrió su rostro para evitar que los judíos vieran que su gloria se desvanecía, lo que muestra que Dios había cegado al pueblo al hecho de que su dispensación solo era temporal e incompleta.

El mismo velo continuó cegando a los judíos del primer siglo, que no pudieron reconocer su necesidad de Jesucristo. Y continúa cegando a los judíos incrédulos hasta el día de hoy. Solo en el Evangelio encontramos permanencia y completitud, porque solo ahí la gloria de Dios es revelada en el rostro siempre radiante de Jesucristo. Como escribió Juan en su Evangelio: *la ley por medio de Moisés fue dada, pero la gracia y la verdad vinieron por medio de*

Jesucristo (Jn 1:17).[128]

Qué agradecidos debemos estar, entonces, de que *la ley ha sido nuestro ayo, para llevarnos a Cristo, a fin de que fuésemos justificados por la fe* (Gal 3:24), y más aún, ¡*porque el fin de la ley es Cristo, para justicia a todo aquel que cree* (Ro 10:4)!

---

[128] Para una discusión más completa de este pasaje, véase Robertson, 191–99.

Capítulo 12
El Pacto y el Reino

✠

La ley de Moisés incluyó una provisión para los israelitas de tener un rey propio. Según Deuteronomio 17:14-20, dicho rey debe ser elegido por Dios, no debe aumentar caballos o esposas, y debe ser devoto de los mandamientos de Dios. El Señor también le requirió guardar una copia de la ley a su lado y leerla todos los días de su vida.

No obstante, ni en el desierto ni después de la conquista tuvieron los judíos un rey propio. Moisés los gobernó primero, y Josué lo sucedió. Ninguno de estos hombres fueron reyes. Después de la muerte de Josué, las tribus individuales se gobernaron a través de una serie de jueces por los siguientes trescientos años. Se comportaban mientras un juez gobernara sobre ellos, pero rápidamente volvían a sus propios caminos en cuanto moría el juez. El Señor los castigaría, clamarían por misericordia y el ciclo comenzaría de nuevo.

Eventualmente, vino el tiempo cuando la gente exigió tener su propio rey para que pudiera ser como las otras naciones (1 S 8:4 ss.). El profeta Samuel se opuso primero a esto porque lo vio, correctamente, como un rechazo del reinado de Dios; sin embargo, el Señor le dijo que le diera un rey al pueblo de todos modos. Saúl se volvió su primer rey, y era exactamente el tipo de rey que merecieron. Reinó aproximadamente cuarenta años, y el pueblo fue peor al final de su reinado que al principio.[129]

David fue el siguiente rey. Al igual que Saúl, había sido escogido por Dios, pero a diferencia de Saúl estuvo dedicado completamente al Señor.

Cuando David empezó a reinar, nos cosas le pesaron en su corazón. Primero, el arca de Dios no tenía un lugar de habitación permanente, sino que se movía de un lugar a otro según las necesidades del tiempo. Consideró una desgracia que los israelitas hubieran estado en la tierra durante cuatrocientos años, pero no hubieran hecho nada para cambiar esto. Segundo, supo que el gobierno más fuerte tendría que estar centralmente localizado y bien fortificado. Jerusalén satisfizo ambas preocupaciones. Pero había un problema: Jerusalén pertenecía a los jebuseos. Los judíos jamás la habían capturado.

Una de las primeras acciones de David como rey fue conquistar lo que vendría a ser la ciudad santa, y así unificar a la nación religiosa y políticamente bajo el gobierno justo de Dios mismo. «Al hacerlo así, mostró públicamente su deseo de ver su propio gobierno en Israel relacionado inmediatamente al trono de Dios. De esta manera, el concepto de teocracia encontró su completa expresión».[130]

La casa de David o Casa de Dios
En poco tiempo, comenzó a parecer como si los deseos de

---
[129] Hanko, 197-198.
[130] Robertson, 230.

David se estaban cumpliendo. Estableció su capital. Incluso construyó una casa de cedro para mostrar al pueblo que Jerusalén se había vuelto su ciudad. Pero no tuvo tanto éxito al regresar el arca a Jerusalén. Cuando trato de traerla de vuelta en un carro jalado por bueyes, estos tropezaron, y el Señor mató a Uza cuando extendió su mano para evitar que cayera del carro. David se enfureció tanto por esto que dejó el arca donde estaba durante tres meses. Luego cuando escuchó que el Señor había bendecido la casa de Obed-edom por causa del arca, resolvió de nuevo llevarla a Jerusalén, esta vez usando solo sacerdotes para llevarla con varas, como exigía la ley. David le instaló una tienda junto a su propia casa y la colocó allí.

Esto nos lleva a 2 Samuel 7. Cuando David consideró la importancia relativa de su reino y el arca del pacto, se dio cuenta de la terrible desigualdad entre él viviendo en una casa de cedro mientras que solo cortinas protegían el arca preciosa. Para remediar esto, ofreció construir un templo, un edificio permanente para albergar el símbolo de la misericordia de Dios.

Inicialmente Natán el profeta animó a David para hacer todo lo que estaba en su corazón. Pero esa noche el Señor apareció a Natán y le dijo que dijera a David que no construyera un templo después de todo. Por cuatrocientos años el Señor (representado por el arca) había habitado en una tienda, moviéndose de un lugar a otro con el pueblo (v. 6). Esta fue la manera que Dios escogió para mostrar su relación especial de pacto con su pueblo. Y, además, el Señor jamás había pedido algo (v. 7).

Pero el Señor tenía una tarea diferente para David. Él era

un guerrero. Su trabajo era pelear las batallas del Señor para que los israelitas pudieran tomar completa posesión de la tierra que Dios había prometido a Abraham y sus descendientes (vv. 9-11). Prepararía la tierra y la gente para la mayor manifestación del reino de Dios en todo el Antiguo Testamento– la construcción del templo en medio de su pueblo.

Algún día el arca tendría un edificio propio, pero David no sería el que lo construiría. En vez de eso, el Señor le construiría una casa. Aquí la palabra *casa* tiene dos distintos significados. David quería levantar una estructura física, un edificio donde el arca se guardaría. El Señor, por otro lado, prometió a David una dinastía– y no cualquier dinastía, ¡sino una que duraría para siempre! El Señor además prometió a David que su hijo construiría el templo en su lugar (v. 13).

Mediante esta promesa, que el salmo 98:3 llama un pacto, Dios estableció un vínculo permanente entre su propia casa y la casa de David.[131] Roberson dice, «ser rey en Israel es estar en relación de pacto con Yahvé. Las dos posiciones están inseparablemente relacionadas».[132] Por lo tanto, las promesas del pacto davídico deben verse como extensiones y ampliaciones de las promesas de pactos previos– la simiente de la mujer que heriría mortalmente a la serpiente, la simiente de Abraham que sería una bendición para todas las naciones de la tierra, el cetro de la tribu de Judá, etc. Y así como cada pacto redujo la promesa a una familia particular, este pacto la volvió a enfocar particularmente en la simiente de David. Su línea continuaría la

---

[131] Robertson, 229.
[132] Robertson, 235.

guerra que Dios inició después de la caída.

Por esto, el Señor una vez más expresó su intención de morar entre su pueblo, esta vez dando sus promesas a David. Puesto que la obra que David quiso hacer era buena y sus intenciones eran sinceras, el Señor le dio un papel especial y único en la historia de la salvación.

Hijo de David e Hijo de Dios

En Medio Oriente, había a menudo una asociación estrecha entre la dinastía gobernante y el lugar que era percibido como el lugar de habitación de los dioses. Esto tenía sentido, ya que era el trabajo del rey hacer cumplir las leyes de su dios.

No obstante, la diferencia entre cómo se presenta esto en la Biblia y cómo era entendido por otras naciones no debe ser pasada por alto. En otras tierras, la conexión entre el rey y el templo generalmente quiere decir que el rey mismo era o se volvería divino. Pero el pacto bíblico, aunque anticipó un rey que sería el Hijo de Dios en una forma única, jamás prometió deidad a los hijos de David. Disfrutarían de la bendición especial de Dios si obedecían su ley, pero no se volverían dioses.

Ya que el rey era el siervo de Dios y el protector de la verdadera religión, también tenía sentido para David construir su propia casa delante de la del Señor. Después de todo, alguien tenía que estar ahí para guardar el templo antes de que pudiera construirse. David, siendo la niña del ojo de Dios, era el hombre. Dios había escogido a David para este propósito, y David cumplió fielmente con sus deberes. Este es el orden de la gracia: Dios actúa primero hacia nosotros, luego respondemos en obediencia a su Palabra.[133]

Cuando pensamos en grandes dinastías, Egipto probablemente nos viene a la mente más rápido que alguna otra nación. Este superpoder era ya una nación poderosa y densamente poblada cuando Dios prometió hacer a la simiente de Abraham tan numerosa como las estrellas del cielo. Durante el tiempo del éxodo, se había vuelto la nación más grande sobre la faz de la tierra, lo que solo enfatiza el poder de Dios para liberar a su pueblo de sus garras. ¿Quién más podría haber rescatado a tantos esclavos indefensos de los poderosos egipcios? De hecho, Egipto continuó ejerciendo una fuerza e influencia considerable a lo largo de la mayor parte del Antiguo Testamento. Incluso hoy, es una importante fuerza en los asuntos del mundo. Pero, a pesar de toda su historia y evidente estabilidad, la dinastía promedio del antiguo Egipto duró poco menos de un siglo. La dinastía dieciocho disfrutó de la más grande longevidad, pero incluso sobrevivió solo doscientos cincuenta años. En contraste con esto, Dios prometió a David una dinastía que duraría para siempre.[134]

Pero ¿las cosas sucedieron como Dios dijo? Así parece al principio. David reinó aproximadamente cuarenta años, y su hijo Salomón un poco menos. Pero las cosas comenzaron a cambiar en la tercera generación cuando las diez tribus del norte se retiraron de la confederación, dejando solo dos tribus para ser gobernadas por Roboam. Sin embargo,

---

[133] Robertson, 233.
[134] McComiskey, 23-24. Aunque el hebreo de 2 Samuel 7:19 no exige por sí mismo la perpetuidad *eterna*, tal cosa no se le puede negar al Salmo 89:29, 36–37. Incluso los profetas describieron el reino davídico como un reino eterno (Is 9:6; Jer 33: 17–22; Ez 37:25).

la línea de David continuó reinando en el sur por los siguientes trescientos años. Algunos de sus hijos anduvieron en los caminos del Señor, y otros no. Cuando se extraviaron, el Señor envió profetas para advertirles. El Señor dejó abundantemente claro que los perdonó solo por su pacto con su padre David (cf. 1 R 11:13; 14:21; 2 R 8:19; 19:34).

Luego vino Manasés, cuyos pecados fueron tan grandes que merecían un castigo especial: no solo practicó la idolatría, como muchos reyes malvados antes de él lo habían hecho, sino que también sacrificó a su propio hijo a falsos dioses, y colocó altares paganos y talló imágenes de Asera en el templo mismo (2 R 21:4, 7). Por lo tanto, dijo el Señor: *También quitaré de mi presencia a Judá, como quité a Israel, y desecharé a esta ciudad que había escogido, a Jerusalén, y a la casa de la cual había yo dicho: Mi nombre estará allí* (2 R 23:27). Ese día infame vino en 586 a.C. cuando Nabucodonosor destruyó completamente a Jerusalén y eliminó la línea de David del trono. Bajo el rey persa Ciro, Zorobabel, un descendiente de David, gobernó Judá una vez más por corto tiempo, pero la dinastía davídica dejó de gobernar.

Todos juntos los hijos de David reinaron durante aproximadamente cuatrocientos cincuenta años, casi el doble que la dinastía egipcia más larga. Si bien este es un récord digno de mención, se queda corto con respecto a la eternidad. ¿Cómo, entonces, debemos entender la promesa de Dios a David?

La respuesta, al parecer, se encuentra en otra promesa que Dios hizo a David. Dijo: *Yo le seré a él padre, y él me será a mí hijo*. Ahora bien, ciertamente Dios fue un padre para todos los hijos de David que reinaron como reyes, incluso los malvados. Dios sabía que algunos de ellos serían malvados cuando dijo: *Y si él hiciere mal, yo le castigaré con vara de hombres, y con azotes de hijos de hombres* (2 S 7:14). Pero ¿cómo podía cualquier simple mortal, ya sea David mismo o cualquiera de su descendencia, ser un Hijo del Dios eterno en el pleno sentido del término? David entendió que el Señor le había prometido algo único, y eso se hizo evidente en su respuesta a Dios: *¿Es así como procede el hombre, Señor Jehová?* (2 S 7:19). ¡El Señor había prometido a David mucho más de lo que cualquier hombre habría podido soñar!

¿Cómo se cumplió el propósito de Dios? Recordemos que David tenía un hijo que destacó sobre el resto. Hablando del Señor Jesús, Pablo lo describió como habiendo sido *del linaje de David según la carne, que fue declarado Hijo de Dios con poder, según el Espíritu de santidad, por la resurrección de entre los muertos* (Ro 1:3-4). El escritor de Hebreos también vinculó la filiación divina de Cristo con la promesa hecha a David: *Porque ¿a cuál de los ángeles dijo Dios jamás: Mi Hijo eres tú, Yo te he engendrado hoy, y otra vez: Yo seré a él Padre, Y él me será a mí hijo?* (Heb 1:5; cf. Sal 2:7 y 2 S 7:14). Estos versículos identifican solo a Jesús como el Hijo eterno y natural de Dios, y también afirman que era la simiente biológica de David debido a su encarnación en el vientre de María. La promesa de Dios a David fue cumplida de una forma única, y David ahora tiene un Hijo cuyo trono será eterno (Heb 1:8).

Sin embargo, el reino de David solo fue una tenue sombra

y figura del reino perfecto de Jesucristo.[135] Bajo David, Israel adquirió toda la tierra que Dios había prometido a Abraham en Génesis 15:18-26.[136] De hecho, Israel tuvo completa posesión de esa tierra solo durante los reinados de David y Salomón. Jesús abrió las puertas de los cielos a todos los creyentes. Las victorias militares de David también aseguraron la paz y la prosperidad para su pueblo, ya que estableció una capital y vinculó su trono a la adoración de Dios. Su reino giraba alrededor del templo, donde Jehová habitó simbólicamente entre su pueblo como su Dios del pacto. ¿Y no dice el Nuevo Testamento que Jesús también «habitó» o puso tu tabernáculo entre los hombres (ἐσκήνωσεν, Jn 1:14) como un anticipo de su reino consumado, donde el Señor Dios todopoderoso y el Cordero serán el templo (Ap 21:22)?

En el Antiguo Testamento, nadie presagió el reinado de Jesucristo mejor que David. Dios escogió a su familia para ser el conducto a través del cual cumpliría sus promesas del pacto a Abraham.[137] David, una simiente de la mujer, ahuyentó a los enemigos de Dios y reinó bajo la autoridad de Cristo. Tomó completa posesión de la tierra que Dios había dado a Abraham, y por medio de él salieron reyes. Pero esto solo fue parte de la imagen. David también imitó la fe del patriarca, andando con Dios en la integridad de su corazón. Asimismo, el pacto de Moisés fue el estándar por el cual los descendientes de David serían juzgados. Aquellos que cometieron iniquidad fueron castigados, pero jamás el Señor amenazó con quitar su favor de David por completo. Al contrario, el salmo 89 dice: *Si dejaren sus*

---

[135] La siguiente discusión toma prestado significativamente de Hanko, 198-201.
[136] McComiskey, 42-43.
[137] Robertson, 229.

hijos mi ley, y no anduvieren en mis juicios, si profanaren mis estatutos, y no guardaren mis mandamientos, entonces castigaré con vara su rebelión, y con azotes sus iniquidades. Mas no quitaré de él mi misericordia, ni falsearé mi verdad. No olvidaré mi pacto, ni mudaré lo que ha salido de mis labios. Una vez he jurado por mi santidad, y no mentiré a David. Su descendencia será para siempre, y su trono como el sol delante de mí. Como la luna será firme para siempre, y como un testigo fiel en el cielo. Selah (vv. 30-37).

En David, las promesas del pacto se unieron como nunca antes. En efecto, funcionó como un mediador nacional, representando a Dios ante el pueblo por su gobierno justo y representando al pueblo ante Dios como su líder nacional.[138]

Sin embargo, David todavía era solo un tipo de Cristo. Cuando Jesús ascendió al cielo, se sentó a la diestra del Padre, por sobre toda autoridad y poder, y ahora reina mucho más gloriosamente de lo que David jamás hizo. Y continuará gobernando todo para la gloria de Dios y el bien de su iglesia hasta que vuelva de nuevo en las nubes del cielo (cf. Sal 2; Ef 1:20-23).

---

[138] Robertson, 235.

Capítulo 13
El Nuevo Pacto

☦

¿Ha notado alguien que todo lo que hemos estudiado hasta aquí nos ha llevado directamente a Jesucristo? Tomemos el pacto de la creación, por ejemplo. Como la segunda persona de la Trinidad, Él, junto con el Padre y el Espíritu Santo, estableció un pacto con Adán. Adán quebrantó el pacto. Pero ya que el señor estaba determinado en llevar al hombre a la comunión consigo mismo, Jesús se convirtió en miembro de un segundo pacto, el pacto de redención. Prometió deshacer los efectos de la transgresión de Adán.

Aunque Cristo fue un miembro pactante tanto en el pacto de la creación como en el pacto de la redención, en el pacto de gracia asumió un papel diferente, a saber, el de Mediador. Pablo escribió: *Porque hay un solo Dios, y un solo mediador entre Dios y los hombres, Jesucristo hombre* (1 Ti 2:5). El libro de Hebreos lo llama *mediador de un mejor pacto, establecido sobre mejores promesas* (Heb 8:6), y *mediador del nuevo testamento* (9:15) o *pacto* (12:24).

A través de las Escrituras, vemos a Jesús en su función de mediador. Él era la simiente de la mujer que restauraría a los pecadores caídos al favor de Dios infligiendo una herida mortal a la serpiente. Predicó a través de Noé, lo preservó por medio del diluvio, y prometió que no destruiría la tierra de nuevo hasta que, la simiente prometida, hubiera terminado su obra. En una aparición a Abraham antes de la encarnación, Jesús también caminó por en medio del sacrificio, lo que significa que moriría por los que quebrantaron el pacto. Después, también dio a Abraham la señal de la circuncisión como un sello de la justicia de la fe. A través del patriarca, sería una bendición para todas las naciones. Los sacramentos y sacrificios del Antiguo Testamento no tenían poder para lidiar con el pecado; simplemente le recordaban a la gente que esperaran al Mediador que los protegería de la ira de Dios. En la ley mosaica, Dios dio un estándar objetivo por el cual se podía ver la justicia del Mesías, para que pudiera ser reconocido como el Mediador. Incluso David, quien, como rey, fue un mediador nacional, solo presagió el papel mediador más glorioso de su Hijo mayor.

Antiguo y Nuevo Pacto
En un sentido, Moisés fue el mediador del antiguo pacto. Se describió a sí mismo como un siervo en la casa de Dios (Nm 12:7; Heb 3:5). A través de él, Dios dio la ley (Gal 3:19).

La obra mediadora de Moisés es especialmente evidente en el capítulo treinta y dos de Éxodo. Cuando subió a la montaña para recibir la ley, se había ausentado tanto que los judíos concluyeron que debía haber muerto. Acudieron a Aarón por ayuda, exigiendo que les hiciera un dios de oro. Después de recolectar todos sus aretes y joyas, les hizo un becerro como los que solían adorar en Egipto.[139]

---

[139] Su intención no está del todo clara. Una vez que se completó el becerro de oro, Aarón dijo: *Estos son tus dioses, oh Israel, que te sacaron de la tierra de Egipto* (v. 4), lo que

No hace falta decir que el Señor se sintió sumamente provocado por su comportamiento. Amenazó con destruir a toda la nación y empezar de nuevo con Moisés.

¿Cómo respondió Moisés a esto? ¿Aceptó la oferta de ser padre de una nueva nación? No, intercedió por el pueblo como su mediador. Pidió a Dios que recordara su pacto con Abraham, Isaac e Israel. Argumentó que los egipcios solo blasfemarían más del nombre de Dios si abandonaba a aquellos que había liberado de sus manos. Luego, cuando bajó al pie de la montaña y vio las maldades del pueblo por sí mismo, rompió las tablas de piedra de la ley y pulverizó el becerro de oro. Al día siguiente, después de escuchar la ridícula explicación de Aarón del horrendo pecado de la gente, Moisés ordenó la ejecución de los infractores más graves. Como resultado, murieron tres mil personas.

Después, Moisés oró por el pueblo de nuevo: *Te ruego, pues este pueblo ha cometido un gran pecado, porque se hicieron dioses de oro, que perdones ahora su pecado, y si no, ráeme ahora de tu libro que has escrito* (vv. 31-32). Notemos lo que hizo aquí: desempeñó el papel de mediador. Primero, confesó el pecado del pueblo y rogó a Dios que lo perdonara. Pero en realidad nunca terminó su oración porque recordó que Dios no puede simplemente pasar por alto el pecado sin convertirse en algo distinto de lo que Él es. Debido a que es perfectamente santo, no puede

---

sugiere que consideraban al becerro como una imagen del Dios verdadero. Pero es igualmente probable que la exclamación de Aarón fuera burlona, burlándose del Dios verdadero por sacar al pueblo de Egipto, pero fracasando en mantener vivo a Moisés en la montaña. Si es así, entonces habrían considerado a su becerro como un rival de Jehová. En cualquier caso, sin duda fue hecho para parecerse a los dioses del ganado de Egipto, a los que ellos mismos habían adorado una vez.

simplemente ignorar la maldad. En cambio, Moisés le pidió a Dios que lo aceptara como un sustituto del pueblo. Estaba dispuesto a dar su vida por la de ellos.

Moisés nunca pudo haber sido el máximo mediador y libertador del pueblo de Dios, ya que era un pecador, tan merecedor de la ira de Dios como aquellos por quienes oró. Si el Señor le hubiera permitido tomar el lugar de otros, ciertamente habría sido aplastado bajo el peso del juicio de Dios. No era el mediador, pero sí era un mediador, un tipo del mediador que estaba por venir.

Jesús, siendo verdadero Dios y hombre justo, es el único calificado para ser el *mediador entre Dios y el hombre* (1 Ti 2:5). Porque Él es tanto Dios como hombre, solo Él está calificado para representar ambas partes en el pacto de gracia. Por lo tanto, su sangre *habla mejor que la de Abel* (Heb 12:24).

Pero ¿qué es este nuevo y mejor pacto?

Para empezar, el pacto es *nuevo*. Aquí el idioma griego es muy preciso, teniendo dos palabras que significan nuevo.[140] La primera, νέος, significa «nuevo en el tiempo». Describe un producto recién salido de la línea de ensamblaje, algo que no ha sido usado antes, «completamente nuevo». Interesantemente, las Escrituras jamás utilizan esta palabra para describir el nuevo pacto. El nuevo pacto no es nuevo en el tiempo. La segunda palabra, καινός, significa «nuevo en calidad». El elemento en cuestión puede o no ser nuevo en el tiempo, pero parece nuevo

---

[140] Las siguientes definiciones vienen del W.E. Vine, *An Expository Dictionary of New Testament Words* (Old Tappan, NJ: Revell, 1966), 3:109–110.

y opera como nuevo. Una mesa nueva restaurada, por ejemplo, puede parecer nueva incluso aunque de hecho es muy antigua. Esta es la palabra que la Biblia usa para nuevo pacto. Sugiere que el nuevo pacto es un pacto renovado. Como tal, cumple con las disposiciones del antiguo pacto.

Los reformadores del siglo XVI lo expresaron de esta manera: la *sustancia* del pacto de gracia permanece la misma a través de la Biblia, pero su *dispensación* cambia según las necesidades del tiempo.[141] La sustancia del pacto es el pacto mismo. La promesa de Jehová de formar un pueblo para sí mismo jamás ha cambiado. Él nunca ha retirado nuestra esperanza de justicia y vida eterna. Todavía espera que vivamos por su ley del pacto como una expresión de nuestra gratitud.[142] Sin embargo, la dispensación externa – circuncisión versus bautismo, una manifestación más débil versus una más brillante manifestación del reino de Dios en la tierra, etc.– ha tenido muchas formas diferentes. Bullinger explica:

> Para comenzar, es cierto que la nomenclatura del antiguo y nuevo pacto, espíritu y pueblo no surgió de la misma esencia del pacto mismo, sino de ciertas cosas ajenas y no esenciales debido a que la diversidad de los tiempos recomendaba que una cosa y luego otra debía agregarse de acuerdo con la contrariedad del pueblo judío. Estas adiciones no existieron como cosas perpetuas y particularmente necesarias para la salvación, sino que surgieron como cosas cambiables de acuerdo con el tiempo, las personas y las circunstancias. El pacto mismo podía continuar fácilmente sin ellas.[143]

---

[141] Bierma, 46-47, 74-75, 81-82.
[142] Witsio, 2:325.
[143] McCoy, 120.

La distinción entre la sustancia y la dispensación del pacto también explica el por qué las Escrituras hablan del pacto de gracia tanto en singular como en plural: es uno en sustancia, pero muchos en sus formas externas.

Además, el nuevo pacto es también un *mejor* pacto, es decir, superior a todas las dispensaciones del antiguo pacto bajo Adán, Noé, Abraham, Moisés y David.[144] En el Antiguo Testamento, las promesas de Dios crecen como semillas que se convierten en plantas maduras.[145] Naturalmente, esto implica que era incompleto en sus primeras etapas. Estos «defectos reales» del Antiguo Testamento, según Witsio, son (1) la ausencia de la causa de la salvación, a saber, Jesucristo, y la subsecuente incompletitud de la redención; (2) «la obscuridad de la antigua economía», que estaba simbolizada por el velo sobre el rostro de Moisés y el velo en el santuario; (3) un énfasis en la rigurosa severidad de Dios como se revela en las amenazas de la ley; (4) la esclavitud a los ritos y ceremonias, en que había más una confesión que una expiación del pecado; (5) el Espíritu de Dios dado como un espíritu de esclavitud y temor, más que como un espíritu de libertad y gracia; (6) la menor medida de los dones de gracia distribuidos, tanto con respecto a la extensión como al grado; y (7) el hambre y sed de una mejor condición.[146] Cada uno de estos elementos han sido mejorados y completados por la obra consumada de Jesucristo.

Al describir las glorias del nuevo pacto, Jeremías expresó su anhelo por las mejoras mencionadas de la siguiente

---

[144] Robertson, 281.
[145] Vos, 7-8.
[146] Witsio, 2:362 ss.

manera: *He aquí que vienen días, dice Jehová, en los cuales haré nuevo pacto con la casa de Israel y con la casa de Judá. No como el pacto que hice con sus padres el día que tomé su mano para sacarlos de la tierra de Egipto; porque ellos invalidaron mi pacto, aunque fui yo un marido para ellos, dice Jehová. Pero este es el pacto que haré con la casa de Israel después de aquellos días, dice Jehová: Daré mi ley en su mente, y la escribiré en su corazón; y yo seré a ellos por Dios, y ellos me serán por pueblo. Y no enseñará más ninguno a su prójimo, ni ninguno a su hermano, diciendo: Conoce a Jehová; porque todos me conocerán, desde el más pequeño de ellos hasta el más grande, dice Jehová; porque perdonaré la maldad de ellos, y no me acordaré más de su pecado* (Jer 31:31-34).

La Unidad del Pacto

El objetivo de un mediador es alcanzar la unidad entre partes ajenas, como dice Pablo: *Y el mediador no lo es de uno solo; pero Dios es uno* (Gal 3:20). Aquí y en otros partes, el apóstol argumenta que dicha unidad no fue lograda por Moisés debido a los defectos de la dispensación bajo la cual él laboró. Incluso la sucesión aparentemente interminable de sacerdotes y profetas no podía traer la unidad entre Dios y el hombre que el pacto concebía.[147] Eso es porque el antiguo pacto jamás fue diseñado para ser el producto final. *¿Luego la ley es contraria a las promesas de Dios? En ninguna manera; porque si la ley dada pudiera vivificar, la justicia fuera verdaderamente por la ley* (Gal 3:21).

---

[147] Robertson, 294.

Pero Jesús era diferente. Como dice el Catecismo de Heidelberg, Él era hombre porque «la justicia de Dios exige que la misma naturaleza humana que pecó, pague por el pecado», y fue asimismo Dios «para que por el poder de su divinidad, pudiera llevar en su humanidad la carga de la ira de Dios, y reparar y restituir en nosotros la justicia y la vida» (Pregunta/Respuesta 16 y 17). La unidad del pacto encuentra su consumación encarnada en Él, que es tanto Dios como hombre en su encarnación, pero es solo un Mediador. De esta forma, la segunda persona de la Trinidad es la máxima realización de las promesas del pacto.

No obstante, la encarnación de Jesús no fue un fin en sí mismo. Él asumió nuestra carne para satisfacer los términos del pacto. Vino al mundo para reconciliar a su pueblo, a los elegidos que le fueron dados antes de la fundación del mundo, con Dios por la sangre de la cruz (Ef 2:16).[148]

No obstante, nuestra unión con Dios a través de Cristo no debe entenderse en un sentido panteísta. La criatura jamás puede llegar a ser el creador. En vez de eso, nuestra unión con la divinidad es un acuerdo de mentes: como pueblo redimido de Dios, gradualmente nos revestimos de la mente de Cristo (1 Co 2:16; 2 Co 3:14; 11:3; Fil 2:5; 1 P 4:1; 1 Jn 2:20, 27). Jeremías aludió a esto cuando predijo que ya no habría necesidad de maestros en el nuevo pacto ya que todos conocerían a Dios, desde el más pequeño hasta el más grande. Los creyentes «tendrán tal claridad de entendimiento en las cosas de Dios que podrán parecer más bien haber sido enseñados por algún tipo de

---

[148] En Gálatas 3:16, Pablo insiste en que la simiente de Abraham a quien se hicieron las promesas (en plural) no es otra que Jesucristo. A partir de entonces, la palabra promesa es singular, aparentemente porque las bendiciones del pacto están comprendidas y administradas solo por Cristo como nuestro Mediador.

irradiación inmediata que por cualquier medio de instrucción».[149] Por esta razón, Robertson agrega, que los maestros en el nuevo pacto no tienen ya un papel mediador como el que tenían bajo el antiguo pacto. Los maestros mediadores son cosa del pasado. Después de enfatizar el derecho de los creyentes individuales a interpretar la Biblia por sí mismo, dice que «la función de los maestros en este período intermedio es solo ayudar al creyente a darse cuenta de la unidad directa que ahora experimentan con Dios a través de las provisiones del nuevo pacto».[150] Unos pocos párrafos después concluye: «Solo cuando el oficio de mediación sea abolido por completo, cuando todo hombre conozca a Dios en el máximo sentido, serán realizados los propósitos del pacto».[151]

La unidad del pacto vuelve a aparecer en primer plano de nuevo donde Jeremías identifica a aquellos que serán unidos a Dios por el pacto, es decir, las casas de Israel y de Judá. Lo que hace a esto tan notable es que la casa de Israel (el reino del norte) había, para todos los efectos, dejado de existir mucho antes de que Jeremías profetizara. Pero Dios no había olvidado su promesa a Abraham. El nuevo Israel, según Gálatas 6:16, es la iglesia. Cristo no solo ha unido a la simiente espiritual de Abraham en una casa, también ha reunido a sus ovejas de toda familia, tribu, lengua y nación sobre la faz de la tierra. Él hizo lo que los judíos jamás pensaron que fuera posible: hizo una familia de creyentes judíos y gentiles (Ef 2:11-22). Dios había prometido a Abraham que sería una bendición para todas las naciones

---

[149] Mr. Gataker, citado por Matthew Henry, *Matthew Henry's Commentary on the Whole Bible* (Mclean, VA: MacDonald, n.d.), comentario sobre Jeremías 31:34. Esto no parece diferir demasiado de la opinión de Calvino de que la promesa es hiperbólica.
[150] Robertson, 294.
[151] Robertson, 295.

de la tierra. Esa promesa fue cumplida en Cristo.

Las promesas que tuvieron un cumplimiento parcial e incompleto antes de Cristo ahora tienen su completo cumplimiento en Él. Robertson observa:

La obediencia a la ley de Dios que no se materializó bajo el pacto mosaico encontrará un cumplimiento consumado bajo las provisiones del nuevo pacto (Jer 31:33). La posesión de Israel de la tierra como se prometió a Abraham se volverán una realidad sólida e inquebrantable. Ezequiel enfatiza particularmente el cumplimiento de las promesas del pacto anterior a través del nuevo pacto. David será rey sobre Israel, la nación caminará según los estatutos del pacto mosaico, el pueblo vivirá en la tierra prometida a Jacob (Ez 37:24, 25). Las bendiciones asociadas con el nuevo pacto, por lo tanto, no pueden considerarse como el desarrollo de una perspectiva desconocida previamente al pueblo de Dios. En cambio, este pacto hará realidad las intenciones redentoras de Dios desplegadas a lo largo de las eras.[152]

Como resultado de que Jesús se convirtió en la simiente prometida de la mujer, las bendiciones del nuevo pacto son innumerables. Comenzaron con la plena manifestación de Dios en la carne. *Y aquel Verbo fue hecho carne, y habitó entre nosotros (y vimos su gloria, gloria como del unigénito del Padre), lleno de gracia y de verdad... A Dios nadie le vio jamás; el unigénito Hijo, que está en el seno del Padre, él le ha dado a conocer* (Jn 1:14, 18). Estas promesas también incluyen las incontables bendiciones de la obra

---

[152] Robertson, 275-276.

consumada de Cristo. Él es verdaderamente nuestra *sabiduría, justificación, santificación y redención* (1 Co 1:30). De esta forma, tenemos una medida más abundante del Espíritu, que nos hace beber del agua de vida (Jn 4:14; 7:38-39). La libertad de la esclavitud del pecado es nuestra (Jn 8:32, 36; Ro 6:22), como es la *gloriosa libertad de los hijos de Dios* (Is 61:1; Ro 8:21).

De hecho, a través de Cristo el Mediador todas las cosas son nuestras, *sea Pablo, sea Apolos, sea Cefas, sea el mundo, sea la vida, sea la muerte, sea lo presente, sea lo por venir, todo es vuestro, y vosotros de Cristo, y Cristo de Dios* (1 Co 3:22-23).

Capítulo 14
Nuestra Parte

☦

La Biblia enseña que los pactos de Dios con el hombre son unilateralmente, aunque misericordiosamente, impuestos. Solo Él establece sus términos, tanto respecto a las obligaciones que asume como con lo que nos exige. Somos sus súbditos y no tenemos ningún poder de negociación. Nuestra salvación, de principio a fin, es el resultado de su gracia soberana.

Pero ¿esto significa que los creyentes no tienen ningún papel qué desempeñar en el pacto de gracia? A esto, la respuesta debe ser un no inequívoco. Aunque el pacto de gracia fue unilateralmente impuesto, la comunión y la vida que fluyen de él son decididamente bilaterales. El Señor hace su parte y espera que hagamos la nuestra.

Pero ¿cuál es nuestra parte? Cualquiera que sea, jamás puede ser algo más que una respuesta a lo que Dios hace por nosotros.[153] Solo podemos ocuparnos en (no *para*) nuestra propia salvación con temor y temblor *porque* Dios obra en nosotros el querer como el hacer por su buena

---

[153] Hanko se opone a la idea de un pacto bilateral y, por tanto, condicional. Dice que esto causa un problema porque la fe, la condición, debe preceder al establecimiento real del pacto. Véase Hanko, 191–93. Pero esto puede evitarse simplemente reconociendo que el pacto es unilateral en su inicio, pero bilateral en su vida. Por lo tanto, Dios soberanamente nos da la fe y la obediencia que requiere (Ef 2:8-10), y luego espera que las ejerzamos para su gloria.

voluntad (Fil 2:12-13).

Nuestra parte, entonces, es cumplir con los términos del pacto como Dios nos lo da. Esto consiste en dos cosas, que son, como dice un himno familiar, «confianza y obediencia».

La Fe
Naturalmente, la fe viene primero, siendo la fuente de donde proceden todas las buenas obras de un alma regenerada. Dos preguntas del Catecismo de Heidelberg hablan de esto. La pregunta 8 dice que somos incapaces de hacer buenas obras «a menos que nazcamos de nuevo por el Espíritu de Dios». Y la pregunta 91 define parcialmente las buenas obras como «solo aquellas que proceden de la fe verdadera». Sin duda, la fe precede a las buenas obras.

Es cierto, la fe salvadora tampoco es el poder del pensamiento positivo ni el poder del pensamiento de la posibilidad. No es la mente sobre la materia o alguna «esperanza contra esperanza» de que todo se resolverá al final. No, la única fe que la Biblia recomienda es el conocimiento seguro y la confianza sincera de que pertenecemos a Jesucristo y, por lo tanto, tenemos el perdón de los pecados, justicia eterna y salvación, simplemente por gracia, solo por sus méritos. Esta fe se centra en la persona y obra de Jesucristo, el gran Mediador del eterno pacto de gracia.

Con el mundo como es ahora –lleno de maldad, violencia y odio– no podemos sino preguntarnos cómo los incrédulos pueden tener alguna esperanza. La respuesta es que no pueden. El gobierno es, en la mayoría de los casos, un problema, más que la solución a los problemas del hombre.

Tampoco la educación, la ingeniería social o cualquier variedad de la teoría psicológica actualmente en boga.

Es un simple hecho que el hombre no puede mejorar su propia condición, no importa cuánto se esfuerce. La teoría de la evolución solo hace el problema peor. Si el hombre ha existido durante unos cuantos cientos de miles de años, en vez de seis u ocho mil mencionados en la Biblia, entonces ha tenido tiempo suficiente para pensar en algo que funcione, sin embargo, sus manos todavía están vacías. Los incrédulos deben admitir su absoluta desesperación y darse por vencidos.

Pero la fe da al hombre una nueva perspectiva. Sí, el cristiano ve al mundo desmoronarse frente a sus ojos. Lee sobre asesinatos, violaciones y corrupción gubernamental tal como todos los demás. Conociendo qué tan profundo está enraizado el pecado en el corazón humano, tiene incluso menos razones para confiar en el hombre que los incrédulos. Pero –notemos bien esto– su confianza no está en el hombre. Tampoco está en el mundo. ¡Más bien está en aquel que ha vencido al mundo (Jn 16:33)! Descansa en la simiente de la mujer que aplastó la cabeza de la serpiente. Cada dispensación del pacto de gracia en el Antiguo Testamento anticipó su victoria gloriosa. Ahora, como resultado de la obra terminada de Cristo, tenemos respuestas que en verdad funcionan. Primera de Juan 5:4-5 dice, *Porque todo lo que es nacido de Dios vence al mundo; y esta es la victoria que ha vencido al mundo, nuestra fe. ¿Quién es el que vence al mundo, sino el que cree que Jesús es el Hijo de Dios?*

Esto es particularmente cierto en un área de nuestras vidas,

Teología del Pacto

a saber, la oración. A menudo se dice que la «oración cambia las cosas». Muy a menudo el cristiano asume que cambia al Señor más que ninguna otra cosa. Una vez que lo convencemos de que nuestras ideas son mejores que las suyas, hace cualquier cosa que queramos. Pero el hecho es que la oración no cambia ni a Dios ni su plan para el mundo. Dios es eternamente inmutable– el mismo ayer, hoy y para siempre. Su plan lo abarca todo y está resuelto para siempre. Por lo tanto, dice: *Y antes que clamen, responderé yo; mientras aún hablan, yo habré oído* (Is 65:24).

Sin embargo, la oración cambia una cosa. Nos cambia. Nos enseña a depender del Señor, que creó y sostiene el vasto universo, con todo nuestro corazón. Cuando oramos, nos humillamos ante el gran Dios de la creación, confiando en su bondad y reconociendo con gozo las muchas bendiciones que tan ricamente derrama sobre nosotros a pesar del hecho de que no merecemos nada sino su ira. La oración, por lo tanto, es el principal ejercicio de nuestra fe.

La Biblia utiliza muchas diferentes figuras para imprimir la naturaleza de esta fe en nuestros corazones naturalmente obstinados. Dice que Enoc, que fue trasladado para que no viera muerte, había *caminado con Dios* (Gn 5:24). Es decir, vivió en constante comunión de pacto con su Hacedor. De forma similar, *Noé halló gracia ante los ojos del Señor* (Gn 6:8). Dios ordenó a Abraham caminar delante de Él y ser perfecto (Gn 17:1). David describió su fe en el Salmo veintitrés: *Jehová es mi pastor; nada me faltará* (v. 1). Miqueas expresó su fe en estas palabras: *Oh hombre, él te ha declarado lo que es bueno, y qué pide Jehová de ti: solamente hacer justicia, y amar misericordia, y humillarte ante tu Dios* (cap. 6:8). Y quién podría olvidar estas palabras de Habacuc: *Aunque la higuera no florezca, Ni en las vides haya frutos, aunque falte el producto del olivo, y los labrados no den mantenimiento, y las ovejas sean quitadas de la majada, y no haya vacas en los corrales; con todo, yo me alegraré en Jehová, Y me gozaré en el Dios de mi salvación. Jehová el Señor es mi fortaleza, el cual hace mis pies como de ciervas, y en mis alturas me hace andar* (Hab 3:17-19). Incluso cuando el profeta no tenía posesiones terrenales para hablar de ellas y ningún medio para adquirir alguna, siempre que perteneciera al Señor y el Señor le perteneciera a él, nunca le faltó nada bueno. Así habla el corazón de la fe.

Cada uno de estos pasajes expresa la firme seguridad del creyente de que el Señor cumplirá todas las promesas de su pacto a su favor. Ahora tenemos la misma seguridad, nuestra esperanza se basa en el hecho de que el Hijo de Dios, que murió para quitar nuestro pecado, ya nos ha reconciliado consigo mismo por su preciosa sangre.

La Obediencia
Si bien la fe solo sirve como el instrumento de la justificación, la fe que es justificada nunca debe permanecer sola. La verdadera fe debe producir obediencia a los mandamientos de Dios, o de lo contrario no es verdadera fe en lo absoluto.

Esto es tan cierto que guardar la ley de Dios es a menudo sinónimo de guardar su pacto. Dios dice: *Ahora, pues, si diereis oído a mi voz, y guardareis mi pacto, vosotros seréis mi especial tesoro sobre todos los pueblos; porque mía es toda la tierra* (Ex 19:5). Y, además, el Salmo 103 agrega una promesa de bendición a aquellos que guardan la ley del pacto: *Mas la misericordia de Jehová es desde la eternidad y hasta la eternidad sobre los que le temen, y su justicia sobre los hijos de los hijos; sobre los que guardan su pacto, y los que se acuerdan de sus mandamientos para ponerlos por obra* (vv. 17-18).

Pero el cumplimiento externo de la ley nunca es suficiente. El pacto no requiere una simple conformidad externa, sino una radical obediencia interna. Jesús dijo: *Amarás al Señor tu Dios con todo tu corazón, y con toda tu alma, y con toda tu mente* (Mt 22:37). Este mandamiento exige un amor incondicional por Dios que capture nuestro ser completo. Nos enseña que todas nuestras acciones expresan, ya sea amor por Dios u odio hacia Él. La neutralidad es imposible ya que incluso el *arado de los impíos es pecado* (Pr 21:4 KJV).

Pero ¿qué pasa con las cosas que parecen ser diferentes? ¿Realmente importa, por ejemplo, qué marca de pasta dental usamos? ¿O si peinamos nuestro cabello a la derecha o a la izquierda? ¿O a qué hora vamos a dormir? Tales cosas no parecen afectar o ser afectadas por nuestra relación con el Señor. ¿Puede ser que algunas cosas son demasiado pequeñas para el Señor? ¿Las Escrituras guardan silencio sobre cuestiones como estas?

La verdad es que no hay nada en todo el universo que no merezca la atención de Dios, ya que todo le pertenece. Podemos imaginar que ciertas cosas son demasiado intrascendentes para Él solo cuando no consideramos los motivos del hombre. Por qué hacemos lo que hacemos es al menos tan importante como lo que realmente hacemos.

¿Por qué elegimos una marca particular de pasta de dientes? ¿Es porque promete hacer que nuestros dientes sean más blancos para que podamos impresionar a los demás con nuestra deslumbrante sonrisa? ¿O es porque queremos glorificar a Dios cuidando los cuerpos que nos ha confiado? ¿Nuestra elección surge de una fe sincera en Cristo, o es un reflejo de nuestra vanidad egocéntrica?

Pablo lidia con esto en el capítulo catorce de Romanos. Escribió: *Uno hace diferencia entre día y día; otro juzga iguales todos los días. Cada uno esté plenamente convencido en su propia mente. El que hace caso del día, lo hace para el Señor; y el que no hace caso del día, para el Señor no lo hace. El que come, para el Señor come, porque da gracias a Dios; y el que no come, para el Señor no come, y da gracias a Dios. Porque ninguno de nosotros vive para sí, y ninguno muere para sí. Pues si vivimos, para el Señor vivimos; y si morimos, para el Señor morimos. Así pues, sea que vivamos, o que muramos, del Señor somos. Porque Cristo para esto murió y resucitó, y volvió a vivir, para ser Señor así de los muertos como de los que viven* (vv. 5-9).

Por lo tanto, debemos insistir de nuevo en que el pacto abarca todos los ámbitos de nuestras vidas. Ninguna área de nuestra vida queda intocable. Somos criaturas del pacto por naturaleza. Si el Señor es nuestro Dios del pacto, solo tiene sentido que nuestras vidas deban conformarse a las exigencias de su pacto. Como Dios ordenó a Abraham, debemos caminar delante de Él y ser perfectos.

Y, además, tenemos también un deber dado por Dios de amar a nuestros prójimos como a nosotros mismos (Mt

22:39). Naturalmente, nuestro amor por los hombres no será tan comprehensivo o radical como nuestro amor por Dios, ya que mucho de lo que hacemos tiene o no impacto directo sobre otros. A menos que nuestros prójimos trabajen para Colgate, probablemente no les importara qué pasta dental usamos. Incluso ciertos aspectos de nuestro caminar con Dios no les afectan directamente. Si descuidamos orar en una mañana particular, nadie se enterará.

Pero ¿esto significa que nada de lo que hacemos afecta a otros? Para nada.

Primero, consideremos la relación esposo-esposa. Más que cualquier otra relación humana, el matrimonio nos permite ver el pacto de Dios en acción. La iglesia es la esposa de Cristo, que se la presentará *a sí mismo, una iglesia gloriosa, que no tuviese mancha ni arruga ni cosa semejante, sino que fuese santa y sin mancha* (Ef 5:27). El pacto entre Cristo y su iglesia implica que esposos y esposas tienen una relación particular entre ellos. Los esposos deben vivir con sus esposas en una forma que manifieste el liderazgo amoroso y sacrificado de Jesucristo, y las esposas deben obedecer a sus maridos tal como la iglesia debe someterse al Señor. Por esta razón, el matrimonio no debe contraerse a la ligera o sin consideración.

Nuestra responsabilidad de criar a nuestros hijos en la fe es también una obligación del pacto. Son, después de todo, *simiente*. Bajo el antiguo pacto, los niños judíos eran circuncidados al octavo día para marcarlos como hijos del pacto, lo que quiere decir que debían ser preparados en los caminos del Señor. Recordemos que Dios llamó a Abraham para que pudiera mandar *a sus hijos y a su casa después de sí, que guarden el camino de Jehová, haciendo justicia y juicio, para que haga venir Jehová sobre Abraham lo que ha hablado acerca de él* (Gn 18:19). Según Deuteronomio 6, la enseñanza de los hijos era específicamente una responsabilidad del pacto. Moisés dijo: *Estos, pues, son los mandamientos, estatutos y decretos que Jehová vuestro Dios mandó que os enseñase, para que los pongáis por obra en la tierra a la cual pasáis vosotros para tomarla; para que temas a Jehová tu Dios, guardando todos sus estatutos y sus mandamientos que yo te mando, tú, tu hijo, y el hijo de tu hijo, todos los días de tu vida, para que tus días sean prolongados* (vv. 1-2). Hoy, los padres cristianos presentan a sus hijos para el bautismo por la misma razón. Ambos sacramentos ilustran qué tan indefensos e incompetentes son nuestros hijos, y nos recuerda que es nuestro deber *criarlos en disciplina y amonestación del Señor* (Ef 6:4).

En Colosenses 3:22ss, la relación siervo/amo o empleado/empleador tiene un carácter de pacto. Muchos pasajes, especialmente en el Antiguo Testamento, específicamente vinculan el tema del siervo al pacto (1 S 20:7-8; 1 R 8:23-25; Sal 89:3; Jer 33:20-26; Ez 34:23-25; 37:24-26). El Señor llamó a Abraham su siervo (Gn 26:24), así como a Moisés (Nm 12:7-8), David (2 S 7:5) y otros. De hecho, toda la nación es llamada el siervo de Dios en Isaías 41:8. Incluso Jesús era el siervo de Dios en referencia a su obra como el Mediador del nuevo pacto (Is 42:1; 52:13; Ez 34:23-25; 37:24-26; Mt 12:18; Fil 2:7).[154] En el pacto, Dios es nuestro amo y nosotros somos sus siervos. Por lo tanto, siervos y amos juntos deben mirar a su amo en los

---

[154] Witsio, 1:170-171; McComiskey, 30-35.

cielos, ante quien ambos son responsables.

Finalmente, la relación entre magistrado y pueblo es de pacto (cf. 2 S 5:3). El magistrado civil debe gobernar en el temor de Dios, y el pueblo debe obedecer sus mandatos legales. Todo reino terrenal, en una medida u otra, ejemplifica esto, aunque algunos son mejores que otros. El reino de David representó el de Cristo en mayor grado que el de Manasés. Edward VI fue mejor monarca que Charles I. Los mejores gobernantes serán aquellos que reconozcan que son simplemente siervos del Dios altísimo, y no autócratas reinando por su propio poder. Charles S. McCoy y J. Wayne Baker rastrean la influencia de la teología del pacto en la política y el derecho, y especialmente en la constitución de los Estados Unidos, en su libro, *Fountainhead of Federalism*.[155]

El pacto, entonces, es el único factor que califica todas las relaciones humanas. De hecho, cuando Jesús nos ordenó amar a nuestro prójimo como a nosotros mismos, incluyó toda relación humana.

Recordatorio

El pacto nos enseña cómo amar a Dios y al hombre, requiriendo que todos nuestros pensamientos, palabras y acciones se hagan con fe y obediencia a la Palabra de Dios. Tales son los términos dados por Dios.

---

[155] En el capítulo sobre Althusius, argumentan que tanto él como Mornay basaron el gobierno civil en el pacto de la naturaleza. Es decir, Dios creó al hombre para que tuviera una relación simbiótica no solo consigo mismo y con los demás hombres, sino también con toda la creación. Althusius, en particular, sostenía que el gobierno era un arreglo contractual entre el rey, el pueblo y Dios, diseñado para que tanto el rey como el pueblo fueran responsables de la adhesión mutua al pacto.

Pero nunca pensemos que merecemos ser parte del pacto de gracia. Sí, Dios nos exige creer su Palabra y dar frutos dignos de arrepentimiento, y nos recompensa en consecuencia. Pero la recompensa siempre es por gracia y nunca por mérito, ya que no hubiéramos creído ni obedecido sin que el Espíritu de Dios primero nos hubiera inclinado y capacitado para hacerlo. Cuando todo esté dicho y hecho, debemos confesar que somos siervos inútiles, ya que hemos hecho solo lo que se nos pidió que hiciéramos. El mérito de nuestra fe y obediencia pertenece solo a Dios. El pacto es suyo.

Para el Dios trino, que nos ha llamado a una comunión con Él a través del precioso sacrificio de su único Hijo unigénito, sea toda la gloria ahora y para siempre. ¡Que nuestras vidas sean trofeos de su gracia y misericordia! Amén y amén.

Bibliografía

Althusius, Johannes. *Politica*. Editado y traducido, con una introducción, por Frederick S. Carnay. Remitido por Daniel J. Elazar. Indianapolis: Liberty Fund, 1995.

Baker, J. Wayne. *Heinrich Bullinger and the Covenant: the Other Reformed Tradition*. Athens, OH: Ohio University Press, 1980.

Bergsma, Derke P. *Redemption: The Triumph of God's Great Plan*. N.p.: Redeemer Books, 1989.

Berkhof, Louis. *Systematic Theology*. Grand Rapids: Eerdmans, 1976.

Bierma, Lyle D. *German Calvinism in the Confessional Age: The Covenant Theology of Caspar Oleviano*. Grand Rapids: Baker, 1996.

_____. «Law and Grace in Ursinus' Doctrine of the Natural Covenant: a Reappraisal.» En *Protestant Scholasticism: Essays in Reassessment*. Editado por Carl R. Trueman and R.S. Clark. Carlisle, UK: Paternoster, 1999.

Boice, James Montgomery. *Ordinary Men Called by God: Abraham, Moses and David*. Wheaton, IL: Victor Books, 1982.

Bullinger, Heinrich. «A Brief Exposition of the One and Eternal Testament or Covenant of God.» In *Fountainhead of Federalism: Heinrich Bullinger and the Covenantal Tradition*. Traducido por Charles S. McCoy y J. Wayne Baker. Louisville: Westminster John Knox, 1991.

Calvin, John. *Calvin's Commentaries*. Grand Rapids: Baker, 1981.

_____. *Institutes of the Christian Religion*. Varias ediciones. Las siguientes secciones son especialmente de ayuda: Libro 1, capítulo 8; Libro 2, capítulos 5B12; Libro 3, capítulos 9B18, 21; y Libro 4, capítulos 1, 14B17.

Clark, Gordon. *The Atonement*. Jefferson, MD: Trinity Foundation, 1987.

_____. *The Biblical Doctrine of Man*. Jefferson, MD: Trinity Foundation, 1984.

Cocceius, Johannes. *Summary of the Doctrine Concerning the Covenant and Testament*.

DeGraaf, S.G. *Promise and Deliverance*. 4 vols. Translated by H. Evan Runner and Elisabeth Wichers Runner. St. Catherine's, ON: Paideia, 1977.

Hanko, Herman. *God's Everlasting Covenant of Grace*. Grand Rapids: Reformed Free Publishing, 1988.

Henry, Matthew. *Matthew Henry's Commentary on the Whole Bible*. Mclean, VA: MacDonald, n.d.

Herter, Theophilus John. *The Abrahamic Covenant in the Gospels*. Cherry Hill, NJ: Classical Anglican Press, 1999.

Hodge, A.A. *Outlines of Theology*. London: Banner of Truth Trust, 1972.

Karlberg, Mark W. «Covenant Theology and the Westminster Tradition.» *Westminster Theological Journal* 54, no. 1 (Spring 1992): 135B52.

_____. «Reformed Interpretation of the Mosaic Covenant.» *Westminster Theological Journal* 43, no. 1 (Fall 1980): 1B57.

Machen, J. Gresham. *The Christian View of Man*. London: Banner of Truth, 1965.

Marcel, Pierre Ch. *The Biblical Doctrine of Infant Baptism:*

Sacrament of the Covenant of Grace. Translated by Philip Edgcumbe Hughes. Cambridge: James Clarke & Co., 1981.

McComiskey, Thomas Edward. *The Covenants of Promise: A Theology of the Old Testament Covenants.* Grand Rapids: Baker, 1989.

McCoy, Charles S. *The Covenant Theology of Johannes Cocceius.* Dissertation. Ann Arbor: University Microfilms, 1977.

McCoy, Charles S. and J. Wayne Baker. *Fountainhead of Federalism: Heinrich Bullinger and the Covenantal Tradition.* Louisville, KY: Westminster/John Knox Press, 1991.

Murray, John. *Christian Baptism.* Phillipsburg, NJ: Presbyterian and Reformed, 1980.

_____. *The Covenant of Grace.* Phillipsburg, NJ: Presbyterian and Reformed, 1988.

Olevian, Caspar. *Der Gnadenbund Gottes.* Köln: Rheinland-Verlag, 1994.

_____. *A Firm Foundation: An Aid to Interpreting the Heidelberg Catechism.* Traducido y editado por Lyle D. Bierma. Grand Rapids: Baker, 1995.

Robertson, O. Palmer. *The Christ of the Covenants.* Phillipsburg, NJ: Presbyterian and Reformed, 1980.

_____. *Covenants: God's Way with His People.* Philadelphia: Great Commission, 1987.

Stam, Clarence. *The Covenant of Love.* Winnipeg: Premier.

Vine, W.E. *An Expository Dictionary of New Testament Words.* Old Tappan, NJ: Revell, 1966.

Visser, Derk. «The Covenant in Zacharias Ursinus.» *Sixteenth*

Century Journal 18, no. 4 (Winter 1987): 531B44.

Vos, Geerhardus. *Biblical Theology: Old and New Testaments*. N.p.: Eerdmans, 1975.

Walker, Frank H. *Theological Sources of the Heidelberg Catechism*. N.p.: Createspace, 2010.

Witsio, Herman. *The Economy of the Covenants Between God and Man: Comprehending a Complete Body of Divinity*. Traducido y revisado por William Crookshank, con introducción del editor por J.I. Packer. Escondido, CA: den Dulk Christian Foundation, 1990.

Zwingli, Ulrich. «On Baptism.» In *Zwingli and Bullinger*. Vol. 24 de la biblioteca de clásicos cristianos. Editado por G.W. Bromiley. Philadelphia: Westminster, 1953.

www.ingramcontent.com/pod-product-compliance
Lightning Source LLC
Chambersburg PA
CBHW060154050426
42446CB00013B/2826